MARIA JOSÉ DA COSTA OLIVEIRA

As Novas Relações Públicas:
Comunicação entre o
setor privado e público

1ª Edição

GlobalSouth
P R E S S

For more information, please contact info@globalsouthpress.com
or go to http://www.globalsouthpress.com/

Book design by **Héctor Guzmán**

As Novas Relações Públicas:

Comunicação entre o
setor privado e público

Includes bibliographical references and index.

ISBN:

978-1-943350-10-0

1. Organizational Communication
2. Public Communication
3. Democracy
4. Deliberation

GlobalSouth

P R E S S

Editorial Board:

Para todos aqueles que acreditam e agem ou têm a perspectiva de acreditar e agir em prol de valores como justiça social, direitos humanos, perspectiva global e futuras gerações, porque entenderão o quanto a comunicação tem um papel essencial para a sociedade.

DEDICATORIA

Aqui está o resultado do estudo que realizei em meu pós-doutorado desenvolvido na ECA/USP sob a atenta e dedicada orientação da Profa. Dra. Heloiza Matos, de quem me orgulho de ter sido orientanda de doutorado e pós-doutorado e que me honra com o prefácio deste livro.

São muitos os motivos que nos levam a avançar, a crescer, a sonhar, e, no meu caso, todos eles estão ligados a pessoas. Pessoas que têm me influenciado e que são por mim influenciadas, pessoas que trazem seus valores, suas percepções, suas opiniões. Por isso, é tão importante reconhecer o valor dos relacionamentos que estabelecemos, pois eles nos transformam e, ao mesmo tempo, tornam mais sólidas nossas convicções.

Dessa forma, agradeço a todos aqueles com quem convivo, com destaque para minha linda família (Celso, Marília, Giovana, Juliana), minha mãe (D. Dora), meus irmãos, cunhados, sogra (in memorian), sobrinhos, tios, primos, amigos, colegas, mestres, alunos, e muitos outros.

Este livro, que tanto trata da importância da comunicação, quer na verdade expressar o quanto as relações entre pessoas são tão imprescindíveis para nossa existência que não podem ser, de forma alguma, negligenciadas.

Muito obrigada a todos vocês.

PREFÁCIO

Imagine uma sociedade onde as barreiras entre os setores sociais se tornassem permeáveis: o primeiro setor (o Estado) "contaminaria" o segundo e o terceiro setores (o mercado e a sociedade civil), e vice-versa. E, na sequência, as mídias de massa e as redes sociais, como quarto setor, passariam a ocupar os espaços de debates e a influência recíproca junto aos outros setores. E, para completar o processo de interação, as universidades, como produtoras dos conhecimentos e quinto setor, incluiriam os agentes e os beneficiários dos saberes, abarcando os mais diversos estratos sociais. Adicione a este cenário a transição de um sistema representativo para um participativo, dotado de uma progressiva valorização do ser humano individual e coletivo. Eis onde se inserem os temas abordados pelo livro de Maria José da Costa Oliveira.

Neste mundo imaginado para a vivência de cidadãos, as corporações passam a se envolver em atribuições antes restritas ao Estado, à sociedade civil, às mídias e às universidades – sem perder, contudo, sua ótica de mercado. Como isso é possível, eis o desafio de pesquisas e teorias em vários fronts do conhecimento humano. E este mesmo processo se repetiria para cada um dos referidos setores, que passariam a herdar características que, antes, "desconheciam". Essa "polinização cruzada" implicaria, contudo, em algumas possibilidades e perplexidades. Por exemplo, a maior ou menor distinção entre o público e o privado; o institucional e o pessoal; o estatal e o não-governamental; o societário e o societal; a propaganda, o marketing e a publicidade e a comunicação pública; o lobby e a comunicação política; etc.

O livro de Maria José da Costa Oliveira discute justamente os efeitos dessa "polinização cruzada" sobre as corporações, em uma mirada, acima de tudo, comunicacional. Assim, a autora vai tentar analisar, comparativamente, o grau de sensibilidade pública (primeiro setor), social (terceiro setor), comunicacional (quarto setor) e educacional (quinto setor) das corporações – posicionadas no segundo setor. Em outras palavras, a autora, parece estar interessada na convergência entre os "stockholders" e os "stakeholders", num contexto de ampla participação e debate na defesa do interesse comum. Tudo isto num cenário em que os setores sociais não se sobrepõem aos indivíduos que deles fazem parte, e cujas "pessoas jurídicas" acabam agindo como "pessoas físicas" – como entes sensíveis, dotados de ética e consciência, e como cidadãos responsáveis e atuantes em sua comunidade de vivências e conversações cotidianas e políticas.

Neste contexto "transgênico", a busca pelo lucro ganha novas dimensões. Se tradicionalmente o objetivo primordial era remunerar os acionistas (stockholders), as corporações passam a ser cobradas pela sociedade a defenderem os interesses de todos os stakeholders (dentro e fora da empresa e do mercado). Isso implica abrir canais de consulta, comunicação, e a adaptação de processos e comportamentos em todos os horizontes temporais (curto, médio e longo prazos). Ao assumir novas funções, as organizações estão cada vez mais informadas e sensibilizadas com os movimentos dos cidadãos nas redes sociais, com o bem comum, mais envolvidas em contrabalançar deficiências do Estado, mais dedicadas a informar e a comunicar, e mais propensas a investir em formação técnica e cívica.

Na medida em que as corporações se humanizam, na citada convergência entre "pessoa jurídica" e "pessoa física", adquirem igualmente posturas de "cidadão": desejando se expressar, debater, influir, deliberar em questões que envolvam a comunidade nacional e internacional. Por isso, as organizações tendem a incluir o ideal da cidadania, dentro e fora de seus quadros: incitam ao engajamento e à participação nos negócios públicos e privados, e também nas causas públicas – tal como a sustentabilidade. Podem, também, assumir características de fórum parlamentar: tratar os stakeholders como agentes cívicos que interagem e discutem os rumos das políticas corporativas. Em outras palavras, estimulam as atividades parlamentares civis. Mas essa "abertura participativa" pode indicar, num sentido crítico, uma certa "ingerência" nos rumos corporativos e de mercado.

Em outra face do processo de comunicação entre organizações e seus públicos, estes podem optar por concentrarem-se nas políticas institucionais que têm potencial de repercussão na mídia, nos critérios de lucro e na visibilidade institucional no mercado. Neste caso, os públicos clientes/consumidores destas organizações acabam sendo preteridos, por não chegarem a tomar conhecimento das ações reais dessas políticas sociais – conforme analisado pela autora. Neste caso, os projetos de sustentabilidade premiados pela Revista Exame e Aberje, como o ponto forte da divulgação, ficam concentrados entre os pares do mercado.

Ao ignorar os benefícios dessas ações, tanto nas conversações cotidianas como na mídia, mas sobretudo nas redes sociais, os clientes passam a comentar a qualidade dos serviços da organização – como podemos observar nos resultados da pesquisa empírica apresentada na obra. Eis um ponto fundamental do livro de Maria José da Costa Oliveira: em meio a tamanha mestiçagem de setores, agentes, interesses e objetivos, ela se propõe a analisar os benefícios dessas políticas de sustentabilidade, ressaltando os indicadores de participação em grupos e de reciprocidade entre cidadãos engajados civicamente – sempre alinhando-os aos conceitos puros de "comunicação pública" e de "capital social".

Diante disto, pode-se perguntar qual seria o futuro de tais "conceitos puros" em corporações que se comportam como cidadãos e se estruturam como fóruns parlamentares? E que, ao mesmo tempo, usam apelos que atraem a atenção da mídia, da sociedade, e dos clientes reais e potenciais. Sejam quais forem as respostas, nesse processo a comunicação assume o primeiro relevo.

Com ou sem adjetivações, a "comunicação" é estratégica e se coloca como o conjunto de processos que viabiliza (a existência de) todos os setores sociais, bem como o intercâmbio entre eles. Como bem percebeu a autora, só a correta abordagem científica do fenômeno comunicacional trará alguma luz para este fascinante novo mundo que se nos apresenta. Maria José da Costa Oliveira entra forte nesse debate, propondo que a comunicação organizacional pode e deve assumir uma nova face, promovendo ações concretas no campo da democracia e da cidadania, envolvendo o mercado e os atores que são os alvos da comunicação pública. Quer participar desse diálogo? Então não deixe de ler este livro!

Heloiza Matos e Nobre

SUMÁRIO

PARTE I

1. Introdução

Neste livro objetiva-se analisar as interações, convergências e conflitos entre as noções e práticas de comunicação organizacional e pública no Brasil, tendo por base a pesquisa bibliográfica, visando os conceitos e métodos, e a pesquisa empírica, para avaliar suas aplicações, identificando as articulações e impactos entre tais conceitos.

Partindo da premissa de que os avanços tecnológicos têm contribuído para a transformação do perfil do cidadão como novo sujeito capaz de influenciar as políticas organizacionais e/ou públicas, é incluído o levantamento de cases de empresas que têm sido premiadas por seus projetos de responsabilidade socioambiental.

É, também, realizada análise sobre as formas como são realizadas as interações comunicativas informais de organizações privadas pelas redes sociais, afinal, transformações nos padrões de engajamento cívico dos cidadãos estão exigindo que as estratégias e políticas de comunicação organizacionais levem em conta as demandas das esferas públicas na atualidade e sua contribuição para a constituição do capital social.[1]

No atual cenário social, político e econômico as organizações privadas se inserem na esfera pública, sendo impactadas e gerando impacto nos demais elementos constituintes de tal esfera, sejam eles organizações governamentais, organizações da sociedade civil, grupos que defendem interesses diversos e mesmo por iniciativa de indivíduos/sujeitos.

Nesse sentido, pode-se vislumbrar a importância desta análise, que se propõe a identificar a essência das políticas de comunicação organizacional, levando pesquisadores e profissionais da área a uma reflexão sobre seu possível entrelaçamento com a comunicação pública.

---

1   Os nomes foram trocados para preservar a identidade das pessoas..

Assim, neste livro trato de analisar as possíveis imbricações entre comunicação organizacional e comunicação pública, considerando as formas e limitações de articulação desses conceitos, na prática.

É importante identificar se o cenário constituído por avanços no processo democrático, novas tecnologias e cidadania, tem trazido impacto efetivo nas políticas de comunicação organizacional, a ponto de se exigir maior entrelaçamento com o conceito de comunicação pública, permitindo uma nova percepção na forma como as organizações concebem suas políticas de comunicação.

Outra questão que se apresenta é se a comunicação organizacional, no contexto atual, demanda integração com a comunicação pública, de forma a estabelecer uma política de comunicação global, que entrelace os interesses das organizações com os interesses da sociedade. Tal entrelaçamento pode ser exemplificado por meio de ações de responsabilidade socioambiental que revelam a face pública de atuação das empresas.

O objeto de pesquisa é constituído pelas políticas de comunicação organizacional e de responsabilidade socioambiental, desenvolvidas por empresas[2] que tenham tido seus projetos reconhecidos em premiações, no caso, o prêmio do Guia Exame de Sustentabilidade e o da ABERJE, procurando identificar a interface de políticas explicitadas no case com a comunicação pública.

Algumas hipóteses norteiam o desenvolvimento da investigação e orientam a estrutura dos capítulos. A primeira das hipóteses considera que, quando a Comunicação Organizacional integra a Comunicação Pública como conceito fundamental, tende a alinhar os interesses do mercado e do Estado, o que exige uma abordagem inicial sobre o conceito de Comunicação Pública, entendido como basilar para a análise pretendida.

---

2   Os nomes das empresas estão identificados em função desses dados serem disponibilizados publicamente

Outra hipótese que orienta este livro parte da consideração de que numa sociedade democrática, quando a Comunicação Organizacional inclui a Comunicação Pública como conceito fundamental da esfera pública, tende ao reconhecimento dos *stakeholders*, profissionais da comunicação e da sociedade. Essa hipótese provoca a necessidade de se examinar a interação entre a comunicação organizacional e comunicação pública, o que é feito, em especial, no capítulo I. Todavia, como a hipótese também evidencia o contexto democrático, o capítulo II cumpre um papel elucidativo nesse sentido.

A terceira hipótese levantada parte da afirmação de que as políticas de comunicação organizacional podem contribuir com a comunicação pública, na medida em que o que se desenvolve na esfera privada, como é o caso de ações de responsabilidade socioambiental, tem reflexo na esfera pública, mesmo porque as relações entre privado e público tendem a se diluir frente às influências que uma esfera exerce sobre a outra. Essa hipótese estimulou o desenvolvimento da segunda seção do capítulo I dedicado a abordagem sobre a comunicação nas ações de responsabilidade social empresarial entrelaçando privado e público.

A quarta hipótese considera que as empresas que adotam políticas de comunicação organizacional integrada e não se restringem aos resultados mercadológicos são as que geram impacto positivo na esfera pública, pois apresentam visão estratégica e abrangente de seu compromisso com as questões de interesse público, aspecto analisado no capítulo I e III.

A última hipótese aposta que as ações que estimulam a manifestação, o debate e a interação entre organizações e grupos sociais têm influenciado as políticas de comunicação de empresas, instituições sociais e organismos públicos, evidenciando o entrelaçamento entre comunicação organizacional e comunicação pública, permeando a análise de todos os capítulos.

Assim, sob o ponto de vista teórico, este livro tem como referencial os autores que analisam os conceitos de esfera pública e democracia, participação e deliberação, permitindo focalizar a interface entre comunicação organizacional e comunicação pública, numa perspectiva crítica.

A pesquisa empírica, destacada na parte II, cumpre o papel de elucidar como têm sido, nas práticas de comunicação das organizações, as interações entre privado e público, considerando, em especial, suas ações voltadas à responsabilidade socioambiental, permitindo analisar o nível dessa relação numa abordagem restrita a uma amostra do que tem sido realizado pelas empresas no Brasil e que serve, ainda que com limitações, para se entender os desafios que se apresentam para o alcance efetivo da interação entre as práticas de comunicação pública e organizacional.

Espera-se, portanto, analisar as imbricações entre público e privado, a partir dos entrelaçamentos e conflitos que se estabelecem entre comunicação pública e comunicação organizacional e as formas e limitações como são articulados esses conceitos na prática, bem como analisar o impacto da Comunicação Pública como princípio orientador da Comunicação Organizacional.

Do ponto de vista teórico, evidenciam-se possíveis convergências e/ou conflitos entre os conceitos; do ponto de vista empírico, analisa-se a perspectiva de que a interação entre comunicação pública e organizacional ainda é um desafio.

Capítulo I

1. Interrelações entre comunicação pública e comunicação organizacional

Este capítulo parte do conceito de comunicação pública, central para este trabalho, justamente por representar uma nova percepção de política de comunicação em contextos democráticos, dado seu compromisso com a cidadania e por promover a interlocução com a sociedade visando o interesse público.

Brandão (2007) enfatiza que esta comunicação deve ser realizada por todos que integram a área pública. Ocorre que dentro de contexto democrático todos os setores, instituições e indivíduos se integram com seus diferentes papéis formando diversas esferas públicas na sociedade.

Matos (2007) analisa que comunicação pública evoca pluralidade de estilos, gêneros, pontos de vista, opiniões, visões de mundo. E, essa pluralidade evidencia a importância do diálogo, dos debates, das discussões e das deliberações que provocam a tomada de decisão em situações que impactam a sociedade.

Matos (2007) também nos indica que a comunicação pública supõe acolhimento das demandas por canais e mensagens de vários polos, seja do Estado para a sociedade, do mercado para o Estado, como da sociedade para o mercado.

Para Duarte (2007, p. 59), comunicação pública centraliza o processo no cidadão, já que, conforme endossa Matos (2007, p. 47), comunicação pública pode ser entendida como espaço plural para a intervenção do cidadão no debate das questões de interesse público.

Interessante incluir para a presente análise a contribuição de Haswani (2011, p. 82) ao destacar que a comunicação pública compreende processos diversos e faz interagir os atores públicos e também os privados, na perspectiva de ativar a relação entre o Estado e os cidadãos, com o intuito de promover um processo de crescimento civil e social.

Nessa perspectiva, Haswani faz distinção entre a comunicação pública realizada por sujeitos públicos e a comunicação pública realizada por sujeitos de direito privado, pelo dever e voluntarismo, respectivamente.

Não resta dúvida de que o Estado tem o dever de agir em prol do bem público, mas a participação do setor privado com a adoção de políticas de responsabilidade social/sustentabilidade reforça o quanto as ações e a comunicação processada na órbita organizacional podem contribuir com o interesse público, desde que praticadas exatamente com esse propósito, conforme abordado nos próximos capítulos.

Rosso e Silvestrin (2013) concluem que a comunicação pública é a esperança para se ampliar a democracia, tornando o cidadão corresponsável nas questões de interesse público e que afetam a vida em sociedade.

As autoras (2013) enfatizam a comunicação pública como prática de responsabilidade social das organizações públicas. Isto abre o caminho para a presente análise, que estende esse papel às organizações privadas, uma vez que, independe da natureza dos atores envolvidos, comunicação pública tem o compromisso de privilegiar o interesse público em relação ao interesse individual ou corporativo, sendo realizada no espaço público, sobre temas de interesse público.

Assim, no contexto democrático, não há como limitar comunicação pública às ações do Estado, pois envolve, preferencialmente, ação conjunta, integrada e por iniciativa de diferentes setores da sociedade, sempre que privilegiem o interesse público.

Diante disso, surge a necessidade de analisar o papel da comunicação organizacional nessa perspectiva pública, tendo em vista o fato de que, nos últimos anos, tem sido registrado um substancial avanço nas pesquisas e publicações que vêm tratando tanto dos conceitos de comunicação organizacional como de comunicação pública. Pesquisadores e autores passaram a se dedicar aos temas, representando um avanço considerável nos estudos que cercam tais conceitos.

Todavia, esses conceitos têm a tendência de serem construídos em linhas paralelas e as abordagens que indiquem as imbricações entre comunicação organizacional e pública têm sido restritas, parecendo que esses conceitos não se cruzam, pois um segue a trilha da esfera privada, enquanto o outro se relaciona com a esfera pública.

No atual cenário social, político e econômico não há como realizar a análise da comunicação organizacional de maneira isolada, sem levar em conta seu impacto e entrelaçamento com a esfera pública.

Conforme indica Kunsch (2009, p.75) sobre comunicação organizacional:

> Hoje, pode-se dizer que os estudos são mais abrangentes e contemplam muitos assuntos em uma perspectiva mais ampla, como análise de discurso, tomada de decisão, poder, aprendizagem organizacional, tecnologia, liderança, identidade organizacional, globalização e organização, entre outros.

Reconhecimentos como o expresso por Kunsch sugerem que novos estudos passem a contribuir para ampliar as análises sobre o papel da comunicação na sociedade.

Interessante observar a evolução do conceito de comunicação organizacional, que antes adotava como referência "o pensamento comunicacional norte-americano, (que) em uma perspectiva tradicional, tinha como foco perceber a comunicação organizacional mais no âmbito interno e nos processos informativos de gestão". (Kunsch, 2009, p.75)

Numa retrospectiva histórica, a autora também mostra como o conceito de comunicação organizacional tem evoluído, já que antes "o foco estava na comunicação administrativa/interna e nos processos informativos de gestão; nas redes de comunicação; nos canais, nas mensagens, na cultura e no clima organizacional; na estrutura organizacional e nos fluxos, nas redes, etc.; nos inputs e outputs das organizações" (Kunsch, 2009, p. 75).

Entretanto, as diferentes abordagens passaram a revelar novas possibilidades. Kunsch (2009, p. 75) citando George Cheney e Lars Thoger Christensen (2001, p. 235) observa que os autores chamam a atenção para a interdependência e inter-relação da comunicação interna com a externa.

Depreende-se, portanto, que é possível realizar análises que contribuam para avançar na relação entre o micro ambiente e o macro, entre o indivíduo e o cidadão, entre o individual e o coletivo, entre o privado e o público, e, finalmente, entre a comunicação organizacional e a comunicação pública.

Haswani (2011, p. 93) também endossa essa visão ao analisar que os estudos recentes da comunicação organizacional apontam uma perspectiva de abertura ao diálogo e à participação conjunta com outros setores.

Habermas (1997, p. 30) sintetiza, na citação a seguir, a importância da participação, das articulações, das discussões em nome do interesse público, que indicam o papel que a comunicação exerce no processo.

> "o fato de o cidadão ser também responsável pela co-gestão do Estado tem implicações que ultrapassam a esfera das relações políticas na medida em que fortalecem o tecido de articulações entre os próprios cidadãos e colocam na pauta de discussões questões que, mesmo sendo originárias da esfera privada, interferem no modo de vida da coletividade".

Assim, fica evidente a necessidade das políticas de comunicação organizacional serem voltadas para o interesse público, estabelecendo assim a interface com a comunicação pública, como pode ser exemplificado com as ações de responsabilidade social empresarial.

Ao mesmo tempo, quando se trata de comunicação organizacional não se pode deixar de considerar a abrangência do conceito, já que há distintos tipos de organizações.

Conforme Corella (2006, p. 43) são elas: grandes empresas privadas, as micro, pequenas e médias empresas, instituições públicas e organizações do terceiro setor.

Todavia, para efeito de análise do presente estudo, a comunicação organizacional tem como foco as empresas privadas (sejam elas de pequeno, médio ou grande porte), que visam lucro, o que aparentemente pode se revelar como oposto ao interesse público.

Ocorre que as empresas também já são cobradas por seus impactos junto à sociedade e ao meio ambiente, o que exige a adoção de práticas e de políticas de responsabilidade social e ambiental.

Surge, então, a necessidade de se avaliar a importância da atuação social das empresas e o papel que a comunicação exerce nesse contexto, que entrelaçam público e privado.

2. Responsabilidade social empresarial entrelaçando privado e público

Conforme já mencionado, variados recursos comunicativos e as transformações nos padrões de engajamento cívico dos cidadãos estão exigindo que as estratégias e políticas de comunicação organizacionais levem em conta as demandas da sociedade.

Tais demandas são crescentes e complexas e não podem mais ficar restritas ao Estado. Assim, a participação das empresas, bem como do terceiro setor e da sociedade civil torna-se fundamental.

López (2011, p. 65) faz uma consideração que esclarece a relação das empresas com as questões de interesse público, ao indicar, por exemplo, que a comunicação pública se move em diversos planos ou níveis, dependendo dos interlocutores, da intencionalidade ou da forma de atuação, sendo possível abarcar pelo menos cinco dimensões: a Política, a Midiática, a Estatal, a **Organizacional (meu grifo)** e da Vida Social.

Ao abordar a dimensão Organizacional, López (2011, p. 65) endossa justamente um aspecto central da abordagem deste livro, pois afirma que, contrariamente à suposição de que "público" somente diz respeito ao Estado, entende-se que uma organização privada é um cenário no qual circulam mensagens e interesses de grupos que lutam por predominar e impor seus sentidos, é claro que em seu interior há uma "esfera pública" particular.

O autor ainda completa sua análise destacando que o público de uma organização é o conjunto de seus integrantes, sendo ela marcada por compreensões, imaginários, códigos de comportamento, práticas, instâncias e benefícios de interesse coletivo. Assim, o autor considera que é possível falar de comunicação pública em uma corporação ou em uma empresa privada. (2011, p. 66)

Contudo, se aqui defendo a importância da comunicação organizacional alinhada com a comunicação pública, é preciso entender até que ponto as iniciativas das empresas nas suas ações de responsabilidade social são definidas com base nas manifestações dos grupos sociais com os quais se relacionam.

Evidentemente, vale reforçar que tal definição exige uma política de comunicação organizacional que entenda os grupos sociais e indivíduos como sujeitos interlocutores, cidadãos, que têm percepção de suas necessidades e querem que as organizações, sejam elas públicas ou privadas, contribuam efetivamente com a sociedade, não apenas para sua autopromoção, garantindo ganhos para sua imagem, reputação e marca, mas que tragam reais benefícios para todos.

Essa visão é reforçada por Rolando (2011, p. 26) ao considerar a comunicação pública não apenas como a instrumentalização do poder, mas, sobretudo, como o território em que muitos sujeitos (mesmo se confrontando) buscam interesses legítimos e usam a informação e a comunicação não tanto para vender algo, mas para apresentar sua identidade, sua visão e seus objetivos.

O autor (2011, p. 27) aborda a classificação que denomina como comunicação de utilidade pública, mencionando diferentes perfis, entre eles o da comunicação de empresa, quando ela se dá mais em torno da representação de condições para o desenvolvimento e o crescimento, tornando-se uma área na qual todos esses sujeitos agem e interagem no âmbito de interesses gerais.

Todavia, o próprio autor trata de considerar que ainda há relutância em considerar esse perfil de comunicação de empresa como plenamente admissível no contexto da comunicação de utilidade pública.

Essa percepção que exclui a comunicação de empresas daquela que é voltada à utilidade pública, tem relação com uma visão redutora, decorrente do que Matos (2011, p. 44) descreve como frequente ausência de espaços de interlocução entre as instituições e seus públicos.

Matos (2011, p. 44) se refere, em especial, às instituições públicas e chega a mencionar o caráter manipulador de algumas ações de comunicação de certas instituições políticas. Todavia, essa ausência de espaços de interlocução pode ser observada com muita frequência nas políticas de comunicação de todo tipo de organização, em especial nas empresas privadas.

Matos (2011, p. 45) reforça a ideia norteadora do conceito de comunicação pública citando Nobre (2011), que defende a necessidade de incluir, necessariamente, (todos) os atores sociais que integram a esfera pública para debater e formular propostas de ações ou de políticas que beneficiem (toda) a sociedade.

Há iniciativas de empresas que parecem seguir tal orientação, criando canais de comunicação para que as comunidades internas e externas se manifestem sobre suas reais necessidades, inclusive indicando ações que se transformam em projetos sociais de grande impacto.

Quando isso ocorre, comunicação organizacional e comunicação pública tendem, cada vez mais, a se entrelaçar num contexto que exige que os interesses das organizações se alinhem com os da sociedade. Assim, as políticas de comunicação devem levar em consideração questões fundamentais como a garantia de participação de todos no âmbito organizacional, já que o ideal democrático deve ir além da esfera estatal.

Algumas empresas não só incluem a preocupação com o interesse público, como também têm instituído políticas de comunicação que permitem a consulta e a manifestação da comunidade envolvida.

Todavia, as políticas de comunicação alinhadas com o interesse público são dependentes dos valores com os quais a organização se compromete, e que, portanto, estão incorporados em sua cultura organizacional. Por isso, uma questão que se apresenta como fundamental é entender o nível de consciência que as empresas são capazes de ter, voltada às questões de interesse público.

Para tanto, é útil a menção ao modelo dos Sete Níveis de Consciência desenvolvido por Richard Barrett (apud Fejgelman, 2008, p. 154-156) e que permite identificar as diferenças de comprometimento organizacional.

Quadro 1 – Níveis de consciência pessoal e organizacional de Richard Barrett, 1998*

Níveis	Níveis de Consciência Pessoal	Níveis de Consciência Organizacional
1	**Sobrevivência** – Focaliza as questões de sobrevivência física. Inclui valores como estabilidade financeira, riqueza, segurança, autodisciplina e saúde. Os aspectos potencialmente limitadores deste nível são gerados por medos em torno da sobrevivência. Valores limitantes incluem ganância, controle e cautela.	**Finanças** – Focaliza a questão financeira e o crescimento organizacional. Inclui valores como lucratividade, valor do acionista, saúde e segurança do funcionário. Os valores potencialmente limitantes deste nível são gerados pelo medo da sobrevivência, como controle, territorialidade, cautela e exploração.
2	**Relacionamentos** – Este nível se preocupa com a qualidade dos relacionamentos interpessoais. Inclui valores como comunicação, família, amizade, resolução de conflitos e respeito. Os aspectos potencialmente limitantes deste nível resultam de medos em relação à perda de controle ou consideração. Valores limitantes incluem rivalidade, intolerância e necessidade de ser gostado.	**Relacionamentos** – Contempla a qualidade dos relacionamentos interpessoais entre colaboradores e clientes/fornecedores e inclui valores como comunicação aberta, resolução de conflitos, satisfação do cliente, cortesia e respeito. Os aspectos potencialmente limitantes deste nível nascem de medos relacionados à perda de controle e consideração pessoal. Isso gera manipulação, culpabilização e competição interna.

3	**Autoestima** – Enfatiza a questão do reconhecimento. Ele inclui valores como ser o melhor, ambição, crescimento profissional e recompensa. Os aspectos potencialmente limitantes deste nível se originam de uma baixa autoestima ou da perda de controle. Valores potencialmente limitantes incluem status, arrogância e imagem.	**Autoestima** – Este nível se preocupa com práticas de gestão que melhoram os métodos de trabalho e a entrega de serviços e produtos, incluindo valores como produtividade, eficiência, crescimento profissional, desenvolvimento de habilidades e qualidade. Os aspectos potencialmente limitantes são o resultado de baixa autoestima e da perda de controle e incluem valores como status, arrogância, burocracia e complacência.
4	**Transformação** – Focaliza a auto-realização e crescimento pessoal. Contém valores como coragem, responsabilidade e desenvolvimento pessoal. Este é o nível em que as pessoas trabalham para se libertar de seus medos. Isso requer um questionamento contínuo das próprias crenças e pressupostos. É também o nível em que o profissional encontra equilíbrio em sua vida.	**Transformação** – Visa a renovação contínua e o desenvolvimento de novos produtos e serviços. Ele contém valores que sobrepõem os valores potencialmente limitantes dos níveis 1 a 3. Valores neste nível incluem responsabilidade, participação do funcionário, aprendizagem, inovação, trabalho em equipe, desenvolvimento pessoal e compartilhar conhecimento.

5	**Significado** - Voltada para a preocupação do indivíduo com a busca de significado e comunidade. Aqueles que operam como neste nível não pensam mais em termos de emprego ou cargo, mas em termos de missão. Esse nível contém valores como comprometimento, criatividade, entusiasmo, humor/alegria, excelência, generosidade e honestidade.	**Coesão Interna** – Foca o espírito de comunidade na empresa. Ele inclui valores confiança, integridade, honestidade, consciência de valores, cooperação, excelência e justiça. O resultado é alegria, entusiasmo, paixão, comprometimento e criatividade.
6	**Fazer a diferença** – Traz a questão de fazer a diferença no mundo. É também o nível de envolvimento ativo na comunidade local. Indivíduos operando neste nível honram a instituição e a contribuição. Eles podem estar preocupados com o meio ambiente ou questões locais. Contém valores tais como aconselhamento, trabalho comunitário, empatia e consciência ambiental.	**Inclusão** – Foca no amadurecimento e fortalecimento dos relacionamentos e na realização do funcionário. Dentro da organização inclui valores como desenvolvimento da liderança, capacidade de ser mentor, capacidade de *coaching* e realização do funcionário. Externamente inclui valores como colaboração com clientes e fornecedores, criar parcerias, alianças estratégicas, envolvimento com a comunidade, consciência ambiental e fazer a diferença.

| 7 | **Servir** – Reflete a mais alta ordem de conexão interna e externa. Ele foca no servir aos outros e o planeta. Indivíduos operando neste nível lidam bem com a incerteza. Eles demonstram sabedoria, compaixão e capacidade de perdoar, têm uma perspectiva global e estão preocupados com questões como justiça social, direitos humanos e as futuras gerações. | **Unidade** – Reflete o nível mais alto de conexão interna e externa. Dentro da organização inclui valores como visão, sabedoria, capacidade de perdoar e compaixão. Externamente incluir valores como justiça social, direitos humanos, perspectiva global e futuras gerações. |

*(apud Fejgelman, 2008)

Conforme pode ser observado, há a evolução do nível de consciência, seja pessoal ou organizacional, dependendo da cultura, dos valores e da maturidade. Isso sugere que as empresas que estão efetivamente comprometidas com o interesse público, são aquelas que estão localizadas em níveis mais elevados de consciência, já que os níveis mais baixos restringem-se a buscar a sobrevivência pessoal ou atender a sustentabilidade financeira das organizações.

Tal abordagem nos leva a entender porque há empresas que têm avançado na interação entre público e privado, enquanto outras se mostram distantes dessa percepção. Entretanto, como a sociedade cobra das empresas seu compromisso com o interesse público, aquelas que se encontram, em especial, no Primeiro Nível, quando realizam ações sociais/ambientais, tendem a esconder as reais intenções de suas práticas, camuflando interesses basicamente promocionais.

No contexto democrático, aplicado a todos que integram a sociedade, participação, diálogo, engajamento devem fundamentar não apenas as políticas de comunicação pública, como também as políticas de comunicação organizacional, já que a fronteira entre o público e o privado tende a se diluir.

Esse panorama democrático, associado à evolução da tecnologia, tendo como marco o advento das mídias sociais, fortalece o exercício da cidadania e coloca as empresas diante do desafio de também atuarem em prol do interesse público, ainda que involuntariamente, exigindo preparação adequada para que consigam lidar com as manifestações positivas ou negativas que realizam, seja no âmbito interno ou externo.

Não é sem motivo que as empresas e todo tipo de organização precisam incluir em suas políticas sociais e ambientais políticas de comunicação, capazes de permitir o engajamento, a participação e a deliberação, contribuindo para a construção de capital social positivo.

Assim, as políticas de comunicação não podem mais se limitar ao contexto organizacional, ampliando sua atuação e seus objetivos para o âmbito público. Evidentemente, essa conduta exige que as práticas de comunicação não se limitem apenas a promover informação.

A comunicação, nesse sentindo, incorpora também a *advocacy*, que remete a advogar, defender uma causa, sendo o processo que implica participação dos atores da sociedade civil para influir em decisões de política em diferentes níveis.

López (2011, p. 70), ao tratar de *advocacy* como uma estratégia de comunicação pública, também indica que os grupos empresariais preferem constituir fundações sem fins lucrativos para arrolar os temas de responsabilidade social.

São essas fundações que se dedicam à advocacia, para que as organizações não corram o risco de atravessar a linha tênue que separa o interesse privado, de caráter corporativo, do interesse público. Assim, o autor alerta que:

> Quando se cruza essa linha e as fundações de origem empresarial começam a fazer mobilizações em busca de benefícios para seus donos, acabam fazendo lobbying e provavelmente abusando de sua imagem, tipos de deslizes que constituem corrupção franca e aberta (2011, p. 73)

Sem dúvida, a preocupação de López é bastante apropriada, pois há muitas ações que são apresentadas como de interesse público, porém se revelam totalmente voltadas ao interesse particular, com prejuízos para a sociedade, como pode ser exemplificado por inúmeros escândalos noticiados na mídia envolvendo empresas, governo e terceiro setor.

Mesmo assim, vale reforçar que a fronteira entre público e privado tende a se diluir a partir do momento que se entende que o interesse público precisa estar acima dos interesses privados.

Conforme já foi assinalando, as políticas de responsabilidade social/ ambiental parecem representar de forma mais explícita o caminho para o estabelecimento da relação entre comunicação organizacional e comunicação pública. Por isso mesmo, a pesquisa empírica incluiu levantamento e análise de projetos premiados no Guia Exame de Sustentabilidade e Prêmio ABERJE com foco em projetos sociais, ambientais, divulgados publicamente, o que torna possível a identificação das empresas em questão.

Entretanto, antes de incluir o levantamento e análise dos dados empíricos, é preciso lembrar que a concepção de relação entre público e privado só faz sentido quando se descortina o cenário democrático, que revela o papel que a comunicação desempenha nesse contexto, não como mera coadjuvante que coloca suas técnicas e ferramentas à disposição, mas como elemento central da esfera pública democrática. Dessa forma, passo agora a considerar a relação da democracia com comunicação, incluindo também análise sobre a esfera pública e a esfera privada.

Capítulo II

1. Esfera pública e democracia privada

Inúmeras abordagens acerca de esfera pública e democracia já foram realizadas. Todavia, aqui torna-se imprescindível resgatar a contribuição de autores como Habermas (1997, 2003), Esteves (2003), Marques (2008), Gugliano (2004), Santos (2002), Gomes e Maia (2008), pois oferecem a base para se compreender questões e consequências das novas esferas públicas, que passaram a se constituir na sociedade, marcada por profundas mudanças.

Habermas, uma das principais referências nos estudos sobre esfera pública, analisa que esta se localiza entre o Estado e a sociedade, o que nos permite entender a origem do impacto que a comunicação organizacional provoca na comunicação pública e vice-versa.

Marques (2008) indica que para garantir que todos participem igualmente dos debates e discursos em contextos formais e informais é necessário que os atores sigam procedimentos que zelem pelas condições de igual participação e consideração de todos.

A partir desta afirmação, pode-se pressupor que também no âmbito organizacional deveria ser considerada a igualdade de participação com reflexo no espaço público, já que, conforme Marques, a interação entre os atores sociais deve ser mediada pela *accountability* (prestação de contas), pela igualdade, pelo respeito mútuo e pela autonomia política, e, para isso, a comunicação se torna instrumento fundamental de circulação de informação entre a periferia e o centro. (2008)

Gugliano (2004), por sua vez, destaca a relação entre capitalismo e democracia, pois dessa simbiose surgem dúvidas sobre a capacidade de se gerar benefícios frente ao processo de deterioração física, cultural, social e ambiental do planeta, já que o capitalismo privilegia a questão econômica, comprometendo a democracia no contexto de cidadania e direitos civis.

Gugliano (2004) sinaliza, ainda, a perspectiva de análise política qualitativa, estudada por diferentes autores, mostrando a trajetória de novas democracias, que caracterizam a terceira onda da democratização, justamente no contexto da cidadania e dos direitos civis.

Como se depreende desta análise de Gugliano, a democracia é um dos aspectos centrais discutido, utilizando, de um lado, autores que tratam de delimitá-la ao regime político, de outro, autores que defendem sua abrangência para a sociedade como um todo.

A democracia delimitada ao regime político fica restrita à esfera do Estado, não se estendendo ao mercado econômico e à sociedade. Essa delimitação leva as organizações privadas a não aplicarem as prerrogativas democráticas na sua forma de gestão ou planejamento estratégico de seus objetivos, permitindo o predomínio do lucro privado sobre os interesses de bem-estar da população.

Assim, o mercado econômico separado da gestão democrática fortalece a barreira entre o público e o privado, favorecendo a ambição sem limites. Por isso, são frequentes as atividades ligadas ao mercado econômico que fogem dos padrões éticos e morais das sociedades contemporâneas.

Todas essas considerações levam à necessidade de repensar a teoria da democracia, para, conforme propõe Santos (2002), ampliar o cânone democrático.

Para que se avance nos sentidos da democracia, é necessário democratizar a esfera não estatal (Santos, 2002), caracterizar um modelo que vai além do regime político, capaz de enfatizar mediações entre o local e o global, incorporando novas problemáticas que interferem na abordagem democrática.

Esteves (2003) aborda a constituição histórica do espaço público e sua dificuldade em se tornar verdadeiramente democrático para a participação da sociedade civil. Destaca também a centralidade da comunicação, em especial da mídia de massa no processo de constituição de um espaço público, atualmente fragmentado e diluído.

Ao mesmo tempo o autor afirma que este espaço não teria extinguido toda a sua vitalidade. Afinal, essa mesma fragmentação, que surge como preocupação por parte de Esteves, também pode ser vista como característica natural de um contexto que valoriza a pluralidade.

A sociedade civil, conforme Esteves (2003) se reconfigurou ao longo da história, transformando a "sociedade burguesa" em forte núcleo social estruturado de associações voluntárias autônomas não só em relação ao Estado, mas também em relação à economia.

Isso faz com que a força regeneradora que a sociedade civil pode inserir no Espaço Público dependa da delimitação precisa das suas fronteiras com relação ao Estado e da promoção de uma ação social responsável.

Gomes (2008, p. 39) evidencia um aspecto essencial que tenho abordado neste livro quando "o raciocínio público ou o uso público da razão em situação discursiva, sempre se realiza como debate, como discussão. Todas as instituições de que se dota a esfera pública estão destinadas a garantir algo como uma espécie de debate ou discussão permanente das pessoas privadas em público".

A própria esfera pública se entende, então, como o âmbito da discussão em sociedade entre indivíduos privados. Temas e questões, gerados como tais fora ou dentro da própria esfera pública, aqui são submetidos à comunicação pública, no jogo de posições e réplicas. (Gomes, 2008, p. 39)

Nessa relação entre esfera pública e privada, Gomes (2008, p. 39) aprofunda a análise do tema ao considerar que um público não é uma mera aglutinação de indivíduos, mas uma reunião de pessoas privadas, isto é, livres, capazes de apresentar posições discursivamente, de transformá-las em argumentos e confrontar-se com as posições dos outros numa discussão protegida da intromissão de elementos não racionais e não argumentativos.

O papel da comunicação ganha destaque na abordagem de Gomes (2008, p. 40) em especial quando o autor sugere que um público é uma reunião de sujeitos capazes de opinião e interlocução. Assim, Gomes deixa claro que esfera pública é o âmbito da negociação argumentativa dos cidadãos, o domínio do seu debate racional-crítico, a dimensão social das práticas e dos procedimentos mediante os quais os cidadãos reunidos podem elaborar, estipular, rejeitar ou adotar posições sobre qualquer questão de interesse comum.

Se por um lado a esfera pública se entrelaça com a esfera privada, há diferenças entre ambas, pois, segundo Gomes (2008, p. 43) a esfera pública, embora ocorra no espaço de negociação dos privados, não se confunde com a esfera privada. Esta inclui propriamente duas características: a) a esfera íntima, da família, lugar onde se estruturam e se constituem as subjetividades, lugar da emancipação psicológica, fundo sobre o qual se destaca a esfera dos negócios privados; b) a esfera privada propriamente dita é o lugar da produção e reprodução da vida, a economia, o mercado.

Continuando, o autor também aborda outro aspecto aqui fundamental, quando lembra que a atividade econômica reconhecida como privada desde os gregos, agora também possui relevância coletiva e publicamente.

Gomes (2008, p. 43) destaca, todavia, que a esfera privada se assegura como tal, mesmo diante da esfera pública que ela solicita. Nesse sentido, o autor cita Habermas (1984), para quem a separação entre esfera pública e privada implicava que a concorrência de interesses privados tinha sido fundamentalmente deixada para ser regulada pelo mercado, ficando fora da disputa pública de opiniões.

O mesmo autor considera também que a esfera pública, não é uma arena para relações mercantis, mas um teatro de relações discursivas sobre quaisquer objetos. A esfera pública política, mais restrita, materializa-se em arenas argumentativas nas quais são considerados os negócios públicos. (Gomes, 2008, p. 44)

Com essa abordagem, podemos identificar de que forma historicamente a noção de público e privado foi se constituindo, fundamentando o entendimento das relações que se estabelecem entre essas esferas, confirmadas mais uma vez nas palavras de Gomes (p.54) para quem a esfera pública, pouco a pouco, deixa de ser a dimensão social da exposição argumentativa de questões referentes ao bem comum para ser a dimensão social da exibição discursiva midiática de posições privadas que querem valer publicamente e, para isso, precisam de uma concordância plebiscitária do público.

A esfera pública e a esfera privada, cuja vinculação trato de evidenciar, são consideradas por Gomes como duas lâminas sobrepostas, já que ecoam nas questões e vozes presentes à esfera pública os problemas experimentados na esfera privada.

Naturalmente, não é a totalidade do que é originalmente vivido como privado e íntimo que aflora na publicidade, mas apenas aqueles aspectos causados por déficits nos sistemas funcionais, que alcançam e afetam o mundo da vida (Gomes, 2008, p. 100).

Por isso mesmo, torna-se central o papel de empresas no desenvolvimento de políticas de responsabilidade social, já que são os déficits sociais que impulsionam empresas a agirem no contexto público, seja por pressão da sociedade, que cobra delas essa participação, seja por querer garantir sua sustentabilidade numa sociedade que assegure mais potencial de desenvolvimento.

Gomes (2008) reforça essa noção ao considerar que as esferas pública, privada e íntima se tocam, já que o fluxo de temas e questões mantêm sempre um vetor que vai do privado ao público.

2. O papel da deliberação nas políticas de comunicação organizacional e pública

Para atender aos objetivos propostos neste livro, uma abordagem sobre o conceito de deliberação se faz necessária, justamente por representar o elo que entrelaça democracia e comunicação, já que se refere a ação de emitir opinião de forma a influenciar decisões.

Marques (2008, p. 13) considera que a deliberação pode ser compreendida como uma atividade discursiva capaz de conectar esferas comunicativas formais e informais, nas quais diferentes atores e discursos estabelecem um diálogo, que tem por objetivo a avaliação e a compreensão de um problema coletivo ou de uma questão de interesse geral.

Kim, Wyatt e Katz (2008) definem democracia deliberativa como um processo em que os cidadãos voluntariamente e livremente participam dos debates sobre as questões públicas. Destacam, também, que democracia deliberativa é um sistema discursivo onde os cidadãos dividem informações sobre assuntos públicos, conversações políticas, formação de opiniões e participação nos processos políticos.

Para Gomes (2008), a democracia precisa que as instâncias deliberativas funcionem como esfera pública para proteger o bem comum do arbítrio do domínio que não precisa dar razões das suas decisões.

A política deliberativa cumpre um papel crucial no processo democrático, pois, segundo Habermas (1997, p. 28), obtém sua força legitimadora da estrutura discursiva de uma formação da opinião e da vontade, a qual preenche sua função social e integradora graças à expectativa de uma qualidade racional de seus resultados. Por isso, o nível discursivo do debate público constitui a variável mais importante.

Habermas cita Cohen, para caracterizar o processo democrático por meio dos seguintes postulados:

As deliberações realizam-se de forma argumentativa, portanto, através da troca regulada de informações e argumentos entre as partes, que recolhem e examinam criticamente propostas;

As deliberações são inclusivas e públicas;

As deliberações são livres de coerções externas;

As deliberações também são livres de coerções internas que poderiam colocar em risco a situação de igualdade dos participantes. (p. 29)

O agir comunicativo é o responsável por estabelecer relações, estimulando os vínculos sociais, ou, de acordo com Habermas, "o que associa os parceiros do direito é, em última instância, o laço linguístico que mantém a coesão de qualquer comunidade comunicacional". (Habermas, 1997, p. 31)

A comunicação ganha força no contexto democrático, pois, conforme Habermas (1997) "se quisermos enfrentar questões que tratam da regulação de conflitos ou da persecução de fins coletivos sem empregar a alternativa dos conflitos violentos, temos que adotar uma prática de entendimento, cujos processos e pressupostos comunicativos, no entanto, não se encontram simplesmente à nossa disposição". (1997, p. 36)

Para Habermas, "os resultados da política deliberativa podem ser entendidos como um poder produzido comunicativamente, o qual ocorre com o potencial de poder de atores, que têm condições de fazer ameaças, e com o poder administrativo que se encontra nas mãos de funcionários". (1997, p. 73)

Para Benhabib (apud Maia, 2008, p.165) as concepções deliberativas da democracia baseiam-se no princípio de que "as decisões que afetam o bem-estar de uma coletividade devem ser o resultado de um procedimento de deliberação livre e razoável entre cidadãos considerados iguais moral e politicamente". Afirma, também, que deliberação deve ser entendida como processo argumentativo (p. 166), que precisa ser estimulada em fóruns de discussão.

Assim, tanto Habermas, como Cohen e Benhabib tratam de destacar o quanto a comunicação, como processo argumentativo, tem papel crucial na deliberação, sendo capaz de estabelecer vínculos entre os membros que dela participam.

Nesse sentido, as empresas podem cumprir um papel público importante, ao criar possibilidades de que os grupos sociais com os quais se relacionam participem de fóruns que elas também promovam, envolvendo questões de interesse público. Esse papel, evidentemente, tem sido desenvolvido por algumas organizações da sociedade civil, mas pode ganhar força com alianças estabelecidas com o setor privado.

Fora isso, considerando a defesa de que democracia não se restringe ao âmbito político, esta deve permear a sociedade como um todo, envolvendo todos os setores, inclusive o setor privado. Assim, ao incentivar políticas organizacionais que criem espaços de discussão dentro das empresas, o setor privado estará coerente com a política democrática.

Nessa perspectiva, vale a afirmação de Maia (p. 180) de que a esfera pública não é entendida de forma única e global, mas, sim, constituída por diversos públicos que se organizam em torno de temas ou causas de interesse comum.

Maia considera que a deliberação pública ajuda a distinguir pragmaticamente entre as reivindicações particularistas, egoístas, e aquelas com maior apelo coletivo (p. 192).

Para minha proposta de analisar justamente as convergências, interações e conflitos entre comunicação organizacional e comunicação pública, a abordagem de Maia é muito útil, em especial porque a autora enfatiza uma concepção ampliada de política, atenta aos contextos práticos da vida cotidiana e às configurações da sociedade civil, bem como às complexas interações que se estabelecem entre os domínios privados e públicos.

Mansbridge (1999, p. 211), por exemplo, concebe a deliberação não só entre públicos organizados – isto é, "entre representantes formais e informais em fóruns públicos designados, da conversação entre constituintes e representantes eleitos ou grupos representantes de organizações orientadas politicamente", mas também entre públicos não organizados – isto é, "da conversação na mídia, da conversação entre ativistas políticos e da conversação cotidiana em espaços privados. (apud Maia, p. 196)

Marques elucida as interseções entre o processo comunicativo e a deliberação pública, destacando que o tema da deliberação pública apresenta-se como referência fundamental na formação de uma esfera pública de discussão ampliada que pode contribuir não só para a construção de um sistema democrático marcado pela aproximação entre instâncias formais do governo e espaços informais de discussão entre os cidadãos, mas também para melhor atendimento e abordagem apropriada dos conflitos políticos e sociais travados nas sociedades contemporâneas. (2008, p. 11)

A deliberação pode ser compreendida como uma atividade discursiva capaz de conectar esferas comunicativas formais e informais, nas quais diferentes atores e discursos estabelecem um diálogo, que tem por objetivo a avaliação e a compreensão de um problema coletivo ou de uma questão de interesse geral. (Marques, 2008, p. 13)

Assim, uma sociedade que incorpora a cultura democrática tende a adotar a deliberação como um processo natural em todas as instâncias públicas e privadas.

Marques (2008, p. 184) considera, também, que cidadãos que possuem oportunidades efetivas de deliberar tratam uns aos outros não meramente como objetos, mas também como sujeitos que podem aceitar ou rejeitar as razões dadas para as leis que os vinculam mutuamente.

Nesse sentido, as políticas de comunicação, sejam elas organizacionais ou públicas, devem ter por base esse novo sujeito da sociedade plural, democrática, com espaço para debate e diversidade de opinião.

Conforme já foi destacado, a comunicação no contexto democrático exige considerar a relação entre esfera pública e privada, pois dessa dinâmica extrai-se respectivamente a interface entre comunicação pública e comunicação organizacional.

Habermas, afirma que os núcleos privados do mundo da vida, caracterizados pela intimidade, portanto protegidos da publicidade, estruturam encontros entre parentes, amigos, conhecidos, etc., e entrelaçam as biografias das pessoas conhecidas. A esfera pública mantém uma relação complementar com essa esfera privada, a partir da qual é recrutado o público titular da esfera pública. (Habermas, 1997, p. 86)

Reforçando a análise, ainda que cada esfera mantenha características próprias, a fronteira entre público e privado tende a ser cada vez mais diluída num cenário marcado notadamente por avanços tecnológicos, por meio da internet e mídias sociais, que permitem tornar cada vez mais híbridas as relações sociais.

Na relação entre público e privado, há influência de uma esfera sobre outra, pois, conforme Habermas:

> Somente as esferas da vida privada dispõem de uma linguagem existencial, na qual é possível equilibrar, em nível de uma história de vida, os problemas gerados pela sociedade. Os problemas tematizados na esfera pública política transparecem inicialmente na pressão social exercida pelo sofrimento que se reflete no espelho de experiências pessoais de vida. E, na medida em que essas experiências encontram sua expressão nas linguagens da religião, da arte e da literatura, a esfera pública literária, especializada na articulação e na descoberta do mundo, entrelaça-se com a política. (1997, p. 97)

3. Respeito na deliberação

Cohen (apud Mansbridge, 2009) elenca critérios para legitimar a deliberação, sendo eles: liberdade, igualdade, consideração e consenso. Não é meu propósito analisar cada um deles, todavia, como esses critérios são sustentados pelo respeito mútuo, trato aqui de tecer algumas considerações sobre a importância destes critérios na deliberação.

Sem respeito de todos os lados envolvidos em debates, não há como estreitar relacionamentos, nem como incentivar o processo de deliberação, pois, como afirma Mansbridge (apud Steiner), os participantes devem tratar uns aos outros com respeito mútuo e igual interesse.

Sennett (2004, p. 67) afirma que o respeito parece tão fundamental para a nossa experiência das relações sociais e do self que devemos defini-lo com mais clareza. Trata-se assim de analisar seu significado, a partir de alguns sinônimos que lhe são atribuídos. São eles "status", "prestígio", "reconhecimento", "honra" e "dignidade".

A começar por "status", Sennett (2004, p. 71) considera que este se refere à posição de uma pessoa na hierarquia social, enquanto "prestígio" é entendido como emoções que o status suscita nos outros. Mesmo parecendo evidente a relação entre status e prestígio, Sennett alerta para sua complexidade e lembra que na estrutura do caráter do respeito às necessidades dos outros, status dificilmente é conveniente e o prestígio simplesmente não convém de modo algum.

Ao se referir ao reconhecimento, Sennett (2004, p. 73) cita Rawls, para quem seu significado é respeitar as necessidades daqueles que são heterogêneos, além de Habermas, que o defende como respeito às opiniões daqueles cujos interesses os levam a discordar. Assim, o reconhecimento pode contribuir para gerar consciência social.

Para designar honra, Sennett (2004, p. 73) sugere primeiramente seu emprego como códigos de conduta e em seguida como um tipo de eliminação de fronteiras e distâncias sociais. O autor utiliza como referência Bourdieu, que considera que a honra supõe um indivíduo que sempre se vê através dos olhos dos outros, que tem necessidade dos outros para sua existência, porque a imagem que ele tem de si é indistinguível daquela apresentada a ele por outras pessoas. Nesse sentido, a honra também gera consciência social, ainda que à custa de agressão contra estranhos.

Por fim, dignidade tanto é aplicada para a dignidade humana, como para dignidade do trabalho. Ambas vertentes são vistas como valores universais: a dignidade do corpo é um valor que todos podem compartilhar, enquanto a dignidade do trabalho somente pode ser alcançada por uns poucos. (Sennett, 2004, p. 77)

Assim, das considerações de Sennett (2004) se depreende que o respeito é com frequência escasso, revelando-se complexo em uma sociedade de desigualdades, pois está ligado aos atos de reconhecimento pelos outros.

Mesmo diante dessa complexidade, o respeito deve permear as políticas de comunicação organizacional, em contextos democráticos, contribuindo para o alinhamento com o interesse público, bem como com o sentido da deliberação. Portanto, não apenas em esferas públicas, como também nas esferas privadas, independente dos grupos ou instituições a que pertencem, os indivíduos têm o direito de participação, de argumentação, de diálogo.

Para tanto, é necessário que exista respeito de todos os lados, por exemplo, da empresa para com a comunidade, da comunidade para com a empresa, porque sua ausência pode provocar a inibição do processo deliberativo, da participação, do engajamento.

Afinal, conforme Gutmann e Thompson (apud Steiner) respeito mútuo exige um esforço para apreciar a força moral da posição com a qual possamos estar em desacordo. Nesse sentido, ainda que a liberdade seja um dos critérios destacados por Cohen, conforme já citado, para a legitimidade da deliberação, pode-se concluir que há limites dessa liberdade, pois a ausência de respeito pode inibir o potencial de manifestação dos membros que participam de um processo de deliberação.

Ao mesmo tempo, respeito não pode ser desassociado de transparência e de confiança, de forma a fortalecer o capital social, que merecerá uma abordagem especial a seguir.

Todavia, conforme endossa Mansbridge (2009, p. 223) apesar de o respeito mútuo ser entendido como um critério fundamental no processo deliberativo, é importante lembrar que, tanto num fórum público quanto na conversação cotidiana, há locais justificáveis para ofensa, não cooperação e ameaça de retaliação.

A final, "ninguém sempre ouve atentamente aos outros, e membros de grupos dominantes particularmente acham que não precisam ouvir os membros de grupos subordinados. Então, os subordinados, às vezes, precisam da motivação da raiva", (p. 224), já que nem sempre a igualdade, outro critério apresentado por Cohen, é garantida nos processos deliberativos.

Conforme Mansbridge (2009, p.224) a boa deliberação tem de incluir o que vem antes e depois, como a conversa dos indivíduos sobre suas posições com pessoas que pensam de maneira semelhante e com opositores.

Enfim, pode-se concluir que em ambientes de relativa liberdade e igualdade, considerando tanto a razão quanto a emoção, a conversação cotidiana e a deliberação formal deveriam ajudar os participantes a entenderem seus conflitos e suas afinidades. (Mansbridge, 2009 p. 230)

Seja na deliberação formal, quanto na conversação cotidiana, devemos julgar que a transformação de um participante de pessoa privada em cidadão dependerá dos tipos de solidariedade e compromisso aos princípios que envolvem. (Mansbridge, 2009, p. 230)

Nesse sentido, mesmo com presença natural de conflitos, o respeito se sobressai na deliberação e reforça seu papel na vinculação das pessoas, levando à necessidade de que se enfatize agora o conceito do capital social.

Capítulo III

1. Capital Social e comunicação no espaço público e organizacional

Conforme destaquei no início deste livro, os variados recursos comunicativos e as transformações nos padrões de engajamento cívico dos cidadãos estão exigindo que as estratégias e políticas de comunicação organizacionais também levem em conta as demandas das esferas públicas e sua contribuição para a constituição de capital social.

A relação do conceito de capital social com a presente abordagem ocorre porque, para que sejam estabelecidas relações entre público e privado, torna-se condição essencial o estabelecimento de vínculos entre membros que compõem as organizações. São esses vínculos que contribuem para garantir o engajamento, seja em relação aos objetivos intra-organizativos, seja em relação aos objetivos voltados ao interesse público.

Reis (2003, p. 43), analisando a obra de Putnam, *Making Democracy Work* (Fazendo com que a democracia funcione), de 1993, considera capital social como chave-variável para identificar as potencialidades de implementação bem sucedida de políticas e programas públicos em contextos variados.

Essa consideração ajuda a justificar a relevância do capital social como conceito dentro da análise que pressupõe a interface entre público e privado, no contexto democrático, de deliberação, o que indica que políticas e programas públicos envolvem também as organizações privadas, como integrantes da sociedade.

Assim, cabe lembrar que capital social está intimamente ligado às redes sociais e de comunicação disponíveis para as interações dos agentes sociais (Matos, 2009, p. 101). Matos destaca, também, que "a rede social pode ser dimensionada pela confiança que os membros atribuem aos participantes e às consequências associadas a esse sentimento". (Matos, apud Duarte, 2007, p. 55)

Matos (2009, p. 37) cita Coleman, para quem o capital social pode ser encontrado em dois tipos de estrutura: nas redes sociais que funcionam num espaço fechado (um clube, associação ou sindicato, com suas próprias normas e sanções) ou numa organização social ou instituição com um objetivo específico (empresa, governo, associação cultural, partido politico, ONG). Neste último caso, a organização ou instituição pode se afastar de seu objetivo primário (lucro, gestão, eleição) para integrar uma ação ou causa social.

Essa definição pode ser considerada o ponto central que justifica a proposta de análise do conceito de capital social nesta pesquisa, pois sugere porque, muitas vezes, já é possível testemunhar empresas privadas rompendo suas fronteiras organizacionais para também exercerem um papel público.

Matos (2009, p. 38) analisa que Coleman, no campo da educação, e Putnam, com foco na participação cívica e no comportamento das instituições, são fontes de inspiração para a maior parte dos estudos sobre o capital social.

Tais estudos mais recentes concentram-se, de acordo com Matos (2009, p. 38) em nove campos: família; comportamento juvenil, escolarização e educação; vida comunitária virtual e cívica; trabalho e organização; democracia e qualidade do governo; ação coletiva; saúde pública e meio ambiente; delinquência e violência; desenvolvimento econômico.

Considerando esses campos, é possível perceber que os estudos sobre capital social já têm enfatizado o universo organizacional, incluindo as empresas privadas e, nesse sentido, Reis (2003, p. 44) tece considerações também com base em Putnam (1997, p. 177), para quem o capital social é visto como um facilitador da cooperação voluntária, decisiva para a instauração dos círculos virtuosos favorecedores do bom desempenho institucional.

Reis (2003, p. 45) analisa o papel do capital social em organizações diversas, incluindo as que visam lucro, utilizando como referência Dietlind Stolle e Thomas Rochon (2001) que procuram especificar mais precisamente a teoria do capital social ao explorar os impactos que diferentes tipos de associação produzirão sobre o desenvolvimento do capital social público.

O autor alerta, porém, que a presunção de Stolle e Rochon é que, por exemplo, associações orientadas para atividades de lucro serão menos propensas a alimentar laços comunitários de reciprocidade que associações de proteção de escolas ou dos parques públicos de uma dada localidade.

Ainda que essa observação seja útil e não possa deixar de ser considerada, enfatizo que não se trata aqui de aprofundar a comparação entre o capital social em organizações que visam ao lucro com aquelas que não o visam.

Fica claro que, do conceito de capital social, decorrem abordagens diversas, por parte de autores que se dedicam ao tema. Todavia, centralizo minha análise sobre o capital social no âmbito organizacional, pois é a que se alinha com a temática de meu trabalho.

Vale et al (2006, p. 46) consideram que o capital social se manifesta por meio das redes sociais que tornam possíveis a cooperação e a ação coletiva para benefício mútuo, no interior das organizações, grupos e comunidades.

Os autores consideram que há escassez de análise sobre o papel do capital social nos estudos organizacionais e por isso trazem uma contribuição importante ao demonstrar que o ambiente organizacional constitui-se num espaço rico e interessante para seu estudo, seja no interior das empresas ou nas relações que se estabelecem entre empresas, (Vale et al, 2006, p. 47) sem que percamos de vista, no meu entendimento, as relações que vão além das empresas, englobando vínculos com outras organizações, como é o caso daquelas que integram o setor público e o terceiro setor.

Se antes as organizações privadas eram basicamente estruturadas de forma hierarquizada e com fronteiras bem definidas e delimitadas, com foco na competitividade, inclusive em seu ambiente interno, hoje, conforme já destacado nesta pesquisa, passam a ter cada vez mais estruturas flexíveis, com diluição das fronteiras entre seu espaço organizacional e o espaço público, e orientação com foco na cooperação.

Isso provoca a necessidade de se estabelecer estratégias coletivas, voltadas a promover, de acordo com Vale et al (2006, p. 46), relações de confiança mútua, senso de propósito e capacidade de trabalho coletivo, elementos subjacentes ao conceito de capital social.

O referencial teórico de capital social, conforme Vale et al (2006, p. 56), parece ser adequado para tratamento do tema organizacional, em inúmeras situações. Os autores evidenciam a importância de tal conceito por entenderem que o atual ambiente organizacional – cujos conceitos e práticas tradicionais estão sendo questionados e revistos, em prol de abordagens mais interativas – a utilização do conceito de capital social torna-se não apenas adequada, mas, também, fundamental.

Assim, Vale et al chamam a atenção para a dinâmica organizacional no contexto marcado por globalização, novas tecnologias de informação e comunicação, que provocam a revisão de modelos organizacionais tradicionais. Esse cenário impulsiona maior preocupação com a qualidade do ambiente interno, que precisa contar com estruturas mais enxutas, descentralizadas e participativas, além de maior interação e colaboração com outras organizações. (2006, p. 57)

No contexto que abordo neste livro, Vale et al (2006, p. 59) trazem outra contribuição ao indicarem formas de avaliação de capital social nas redes organizacionais e, para tanto, retomam a noção de mensuração, a partir do que denominam de eixo vertical, baseado na intensidade dos laços de união (*bonding*) que vinculam, mais intensamente, a empresa com certos segmentos, organizações e grupos sociais localizados, em geral, mais próximos, no sentido físico, social ou cultural.

A mensuração indicada pelos autores (Vale et al, 2006, p. 59) inclui também o eixo horizontal, que capta as pontes (*bridging*) que a empresa é capaz de estabelecer com grupos, organizações e redes diversificadas e mais distantes, seja no sentido físico, social e cultural, o que indicaria, de acordo com os autores:

(...) um incremento do capital social à medida em que as empresas intensificassem seus contatos e interações dentro de suas próprias comunidades de origem – permitindo a proliferação da inovação baseada no conhecimento tácito, de natureza presencial, entre as empresas aí presentes, a criação de um clima de maior solidariedade local e a capacidade de implementação de ações coletivas. Mas ocorreria, também, um incremento no capital social, à medida que a empresa ampliasse o escopo, a amplitude e a variedade de suas relações, tornando possível o acesso a recursos distantes, diversificados e valiosos porventura existentes em outras redes e locais, e a geração de um fluxo de informação entre eles. (Vale et al, 2006, p. 59)

Essas considerações são mais do que válidas dentro de uma temática que se propõe a evidenciar a interface entre comunicação organizacional e comunicação pública, uma vez que o capital social está na essência das relações que criam vínculos entre os membros, sendo capazes de comprometê-los com as questões organizacionais e de interesse público.

Entretanto, cabe observar que, mesmo diante da indicação de formas de mensuração por Vale et al, não é proposta deste livro a aplicação de métodos de avaliação de capital social, ainda que considere importante sua utilização em abordagem posterior.

Para completar minha análise, torna-se necessário não apenas evidenciar a importância do capital social no âmbito organizacional, mas também levar em conta o contexto democrático, de participação e engajamento cívico. Assim, Matos (2009, p. 44) trata de enfatizar e aprofundar justamente o conceito de capital social na estruturação de laços sociais e engajamento cívico. Para tanto, a autora destaca a obra de Sennet – que analisa a corrosão do caráter e o declínio do capital social.

Conforme Sennet (apud Matos, 2009, p. 45) caráter designa, sobretudo, os traços permanentes de nossa experiência emocional que se exprime pela confiança e o engajamento recíproco, na tentativa de atingir os objetivos de longo prazo, ou ainda, para retardar a satisfação, visando a um objetivo futuro.

Matos (2009, p. 45) constata que a obra de Sennet ajuda a elucidar que as causas prováveis da corrosão são as mesmas que afetam o capital social, trazendo, entre outras questões, porque deve-se articular os interesses pessoais e públicos.

Um sistema político que não fornece aos seres humanos as razões profundas para que se interessem uns pelos outros não pode conservar sua legitimidade por longo tempo (apud Matos, 2009, p. 45)

Segundo Putnam (apud Matos, 2009, p. 47) os indivíduos têm mais chance de mudar sua vida quando fazem parte de uma comunidade cívica fortemente engajada. Dessa forma, os laços sociais e o engajamento cívico teriam influência preponderante sobre a vida privada e pública.

"As redes de interação alargariam enormemente a consciência dos membros, permitindo que eles desenvolvessem um "eu" e um "nós", ou, retomando os termos teóricos da escolha racional, pode-se dizer que a presença dessas redes reforçaria o gosto dos indivíduos pelos benefícios coletivos (Bevort e Lallement, apud Matos, 2009, p. 47)

Se até aqui tratei de considerar o conceito de capital social, seus campos de aplicação e evidenciar sua utilidade para o contexto organizacional e democrático, resta analisar qual seria o papel da comunicação na constituição de capital social.

Matos (2009, p. 82), ao tratar das perspectivas atuais da abordagem da conversação, lembra que as noções de opinião pública e esfera pública fizeram com que o conceito de conversação fosse reconhecido como relevante dimensão da constituição da democracia.

Matos (2009, p. 82) faz um questionamento sobre o porquê das conversações serem tão importantes para a formação de espaços públicos democráticos se, geralmente, elas se estabelecem em contextos privados (pouco propícios ao embate de ideias) e entre pessoas que pensam de forma semelhante.

A autora resgata diferentes autores (Mansbridge, 1999; Kim e Kim, 2008; Moy e Gastil, 2006), que já destacaram que as conversações tendem a ocorrer com maior frequência em ambientes nos quais as pessoas se sentem protegidas ao expressarem seus argumentos e conclui que:

Assumir opiniões divergentes em contextos controversos não só impõe um desafio aos indivíduos como também um preço: transformar uma conversação fluida, amistosa e agradável em um embate de ideias voltado para a produção de um acordo ou para a solução de um determinado acordo ou para a solução de determinada questão. (Matos, 2009, p. 82)

Essa abordagem alinha-se em especial com o conceito de respeito na deliberação, aspecto que tratei na sessão anterior. Todavia, Matos complementa sua análise sobre o papel da conversação no capital social, lembrando que há uma outra forma de conversação apontada por Schudson como aquela voltada para a solução de problemas, a qual focaliza as trocas de argumentos em público entre pessoas com backgrounds distintos, exigindo que os participantes formulem os próprios pontos de vista e respondam aos questionamentos alheios. (Matos, 2009, p. 84)

A evidencia da comunicação para o capital social é apontada por Matos (2009, p. 214) quando cita Hartman e Lenk (2001) que acreditam que a comunicação pode potencializar o capital social e o cumprimento de metas negociais, sendo um ativo intangível capaz de contribuir para o capital social, ativo da mesma natureza.

Partindo da evidência de que capital social e comunicação são interligados, Matos sugere o conceito de capital comunicacional, tendo entre as referências Mulholland (2005) que propõe a combinação de estudos de comunicação com os do capital social para que se compreenda como os colaboradores contribuem para o crescimento das organizações (Matos, 2009, p. 214).

Para Matos (2009, pp. 216 - 218), a aplicação do conceito de capital social ao ambiente organizacional, especificamente a empresas que visam ao lucro, torna-se necessária, pois os modelos organizacionais fundados na hierarquia, em regras rígidas de conduta e na autoridade centralizada vêm sendo cada vez mais questionados.

As organizações privadas, portanto, precisam estar alinhadas com o contexto democrático, ajustando seus modelos e fortalecendo suas políticas de comunicação, que sejam capazes de contribuir com a constituição de capital social. Por isso, Matos sugere que inserir o capital comunicacional num ambiente de mercado traz uma dupla possibilidade: de um lado, observa-se e analisa-se o conceito na ação concreta entre colaboradores e stakeholders da organização; de outro, sob as regras gerenciais, cobra-se do capital comunicacional os resultados eficientes (2009, p. 218).

Para Matos (2009, p. 218) é justamente o movimento de aproximação entre a noção de capital social e a de comunicação que oferece a possibilidade de pensar na constituição dos indivíduos como cidadãos e atores cívicos com base nas interações que estabelecem nas redes sociais, sejam elas organizacionais e/ou cívicas.

Por fim, considero que o atendimento ao interesse público, por parte de diferentes atores, incluindo as organizações privadas, exige o desenvolvimento de políticas de comunicação organizacional e pública, que dependem e influenciam a constituição de capital social, facilitando o engajamento dos cidadãos nos assuntos que afetam a coletividade, por vínculos de confiança que são estabelecidos.

PARTE II

CAPÍTULO IV

1. Pesquisa empírica

Além da pesquisa bibliográfica realizada para o desenvolvimento teórico deste estudo, incluo agora a pesquisa empírica, que permite analisar se a interação entre comunicação organizacional e pública tem sido implementada na prática, bem como a perspectiva de que essa interação seja cada vez mais adotada pelas empresas.

Para tanto, é importante lembrar que a adoção de uma metodologia é indispensável para a construção da ciência e para a máxima aproximação da verdade (Strelow, 2010, p.206), pois seu principal objetivo é fazer emergir o conhecimento.

Mesmo entendendo a importância que a pesquisa empírica adquire neste trabalho, não se pode negar que há dificuldades e limitações para o seu desenvolvimento, como ocorre com a maior parte das pesquisas, afinal, conforme alerta Minayo (2000, p. 197):

"os pesquisadores costumam encontrar três grandes obstáculos quando partem para a análise de dados recolhidos no campo(...) O primeiro deles(...) 'ilusão da transparência'(...) O segundo(...) sucumbir à magia dos métodos e das técnicas(...) O terceiro(...) é a dificuldade de se juntarem teorias e conceitos muito abstratos com os dados recolhidos no campo".

Para Cappelle et al (2003) a pesquisa parte de dados coletados (estado bruto), em seguida parte-se para estabelecer os procedimentos para sistematizar, categorizar e tornar possível sua análise, para finalmente chegar aos resultados de pesquisa.

Cappelle et al (2003) também evidenciam que a análise de comunicações apresentam peculiaridades, pois os dados podem ser coletados por entrevistas, mensagens ou documentos em geral.

Entre os mecanismos de análise de comunicações está a análise de conteúdo, que adotei por ser um mecanismo teórico-metodológico capaz justamente de ser aplicado em dados obtidos por meio de entrevistas, mensagens e documentos em geral.

A análise de conteúdo toma o texto como documento restrito a ser compreendido e como ilustração de uma situação, limitada ao seu contexto, partindo da estrutura do texto para interpretá-lo.

Ainda sobre análise de conteúdo, Cappelle et al afirmam que se trata de metodologia muito utilizada na análise de comunicações nas ciências humanas e sociais. (2003)

Para Minayo (2000) a análise de conteúdo é o método mais comumente adotado no tratamento de dados de pesquisas qualitativas. Já Silverman (1993) e Neuman (1994) a consideram um conjunto de técnicas quantitativas (apud Cappelle et al, 2003). Enquanto para Berg (1998), Insch et al (1997); Sarantakos (1993) a análise de conteúdo possui elementos tanto da abordagem quantitativa como da qualitativa. (apud Cappelle et al., 2003)

Utilizo como referência a abordagem quantitativa e qualitativa, por entender que seja a qual propiciará a análise mais abrangente, pois inclui a contagem da manifestação dos elementos textuais que emergem do primeiro estágio da análise de conteúdo que serve para a organização e sistematização dos dados, e inclui, além disso, fases analíticas posteriores que me permitem apreender a visão social de mundo por parte dos sujeitos, autores do material textual em análise.

A análise de conteúdo abrange as iniciativas de explicitação, sistematização e expressão do conteúdo de mensagens, com a finalidade de efetuarem deduções lógicas e justificadas a respeito da origem dessas mensagens, indicando quem as emitiu, em que contexto e/ou quais efeitos se pretende causar por meio delas. (Bardin, 1979)

A opção por essa metodologia também se dá com base na afirmação de Cappelle et al (2003), segundo os quais a análise de conteúdo associa o rigor da objetividade com a fecundidade da subjetividade.

Para Bardin (1979) e Minayo (2000) as análises quantitativas voltam-se para a frequência com que surgem determinados elementos nas comunicações, preocupando-se mais com o desenvolvimento de novas formas de procedimento para mensurar as significações identificadas.

Já os enfoques qualitativos voltam-se para a presença ou ausência de uma característica ou conjunto de características nas mensagens analisadas, na busca de ultrapassar o alcance meramente descritivo das técnicas quantitativas para atingir interpretações mais profundas com base na inferência. (apud Cappelle et al, 2003)

Appolinário considera a análise de conteúdo como conjunto de técnicas de investigação científicas utilizadas em ciências humanas caracterizadas pela análise de dados nos quais os elementos fundamentais da comunicação são identificados, numerados e categorizados (2009, p. 27).

Bardin (2009) afirma que toda análise deve considerar em sua estrutura a organização, a codificação, a categorização, as inferências e as possibilidade de tratamento informático, podendo esse tratamento ocorrer em três fases: análises estatísticas (classificação dos dados, reorganização, transformação e descrição); auxílio nos estudos e descobertas (variedade, classes e distribuição dos dados de uma grande quantidade de documentos); e análise de conteúdo por computador (realização de inferências no contexto social dos dados obtidos).

Há requisitos para a análise de conteúdo ser validada, conforme indica Freitas et al. (1997, p. 108). São eles: qualidade da elaboração conceitual feita a priori pelo pesquisador; exatidão com que ela será traduzida em variáveis; esquema de análise ou das categorias; e concordância entre a realidade a analisar e estas categorias.

Considerando a pesquisa que contemplo neste livro, realizei a coleta de dados com levantamento de cases premiados do Guia Exame de Sustentabilidade[3] e Prêmio ABERJE[4] (edições 2010, 2011, 2012 e 2013) que apresentam interface entre comunicação e sustentabilidade; seleciono a empresa destaque na edição 2013 do Guia Exame e Prêmio ABERJE e fiz monitoramento de posts na rede social *Facebook* relativo à empresa selecionada, para análise de conteúdo. (novembro de 2013 a março de 2014).

A empresa destaque foi o Itaú Unibanco, que recebeu premiação como Empresa Sustentável do Ano pelo Guia Exame de Sustentabilidade e Empresa de Comunicação do Ano pela ABERJE.

No que se refere aos procedimentos para sistematizar, categorizar e tornar possível a análise, optei pela contratação de empresa para utilização do programa *Buzzmonitor*, com levantamento dos posts no *Facebook* relacionados à empresa destaque das premiações do Guia Exame de Sustentabilidade e ABERJE em 2013 (no período de novembro/2013 a março/2014); defini categorias de análise; fiz enquadramento dos posts nas categorias; e analisei os posts a partir dos tipos de manifestação e de palavras-chave.

As categorias criadas compreenderam: 1. Palavra do Banco (informações disparadas pelo Banco); 2. Palavra do Banco (respostas dadas às solicitações ao Banco); 3. Palavra do cliente e dos públicos em geral (respostas em relação ao que o banco emite de informação); e 4. Palavra do cliente e dos públicos em geral (manifestações, críticas e solicitações).

Foram, então, quantificados os tipos de manifestação (positiva, negativa ou neutra) relacionando-as a cada categoria estabelecida.

Na sequência, a análise qualitativa procurou relacionar as palavras-

3   Guia Exame de Sustentabilidade é uma publicação anual da Editora Abril, que apresenta o ranking das empresas que investem em ações de sustentabilidade.

4   ABERJE é a Associação Brasileira de Comunicação Empresarial, que realiza há 40 anos premiação anual das melhores práticas de comunicação empresarial brasileira realizadas por profissionais e organizações.

chave Comunicação, Deliberação, Diálogo, Debate/Discussão, Respeito, Participação, Engajamento, Cidadania. Sustentabilidade com as manifestações.

Cabem aqui alguns esclarecimentos, pois inicio a pesquisa empírica com o levantamento de empresas/projetos premiados nas edições 2010, 2011, 2012 e 2013 do Guia Exame de Sustentabilidade e Prêmio ABERJE para dimensionar o universo proposto para análise.

Posteriormente, faço a seleção dos cases que incluem em seus resumos disponibilizados publicamente palavras-chave relacionadas ao tema de minha pesquisa, já indicadas anteriormente.

Inicialmente, previ realizar entrevistas com os profissionais responsáveis pelos projetos nas empresas. Todavia, depois de aprofundar as leituras e análise de metodologias de pesquisa em comunicação cheguei à conclusão de que, além da voz oficial, era necessário identificar a manifestação das diferentes vozes dos públicos impactados direta ou indiretamente pelas ações e pelas empresas, de forma a contemplar a pluralidade enfatizada na abordagem teórica aqui desenvolvida.

Assim, partindo do pressuposto de que as novas mídias sociais têm possibilitado que os indivíduos se transformem em sujeitos-cidadãos e protagonistas, considerei fundamental analisar a percepção daqueles que se manifestam sobre a conduta e projetos desenvolvidos pelas empresas.

Por isso, a seleção daquela empresa premiada em 2013 (Guia Exame de Sustentabilidade e ABERJE), para análise de conteúdo, pois se revela como essencial e coerente com a fundamentação teórica deste trabalho, uma vez que o contexto democrático aqui enfatizado exige a existência da possibilidade de que diferentes vozes se manifestem, o que, cada vez mais, tem sido possibilitado por meio dessas novas tecnologias.

Ao mesmo tempo, cabe também esclarecer que o monitoramento nas redes sociais não poderia ocorrer em projetos que não fossem atuais, já que este tem que ser feito sobre assuntos recentes, o que representava uma limitação para a pesquisa das edições 2010, 2011 e 2012.

Assim, visando considerar a atualidade que o monitoramento exige, complementei o levantamento com os cases da edição 2013 e optei por realizar a análise do que era manifestado nas redes sociais da empresa/projeto destaque da edição mais recente dos certames selecionados em relação ao período de conclusão desta pesquisa.

Feitos esses esclarecimentos, passo agora a apresentar os principais dados.

2. Principais resultados – pesquisa empírica

A pesquisa empírica procurou observar como as empresas têm elaborado e colocado em prática suas políticas sociais/ambientais e de comunicação e quais as mudanças têm sido incorporadas, que revelem sua percepção em relação aos grupos sociais com os quais interagem. Para tanto, foram desenvolvidas três fases:

2.1. Primeira fase

Para a fase 1, a seleção se deu por meio do levantamento das empresas que tiverem seus cases de responsabilidade social/ambiental premiados e publicados pelo Guia Exame, além das empresas premiadas pela ABERJE, nas edições de 2010, 2011, 2012 e 2013. Tais informações estão disponibilizadas na publicação impressa e online do Guia Exame de Sustentabilidade e no site da ABERJE

O levantamento dos cases premiados pelo Guia Exame de Sustentabilidade e Prêmio ABERJE, edições 2010, 2011, 2012 e 2013, encontra-se no APÊNDICE A, com a indicação do ano do prêmio, empresas premiadas e respectivos projetos.

O levantamento totalizou 178 cases, e destes foram selecionados aqueles que mais evidentemente apresentavam palavras-chave relacionadas a comunicação, diálogo, engajamento, deliberação, participação, debate/ discussão, respeito, cidadania e sustentabilidade, já que meu interesse era identificar se nas políticas de sustentabilidade a comunicação é entendida como forma de entrelaçamento entre as ações organizacionais e o interesse público.

Desta seleção, é possível concluir que a menção às palavras-chave se deu de forma restrita nos cases dos dois certames (Guia Exame de Sustentabilidade e Prêmio ABERJE).

Optei, ainda, por fazer tratamento analítico apenas das empresas que mencionam no *case* mais de uma palavra-chave, subentendendo que com tal articulação teremos mais garantia do sentido como tais palavras foram utilizadas.

2.2. Segunda fase [5]

Na fase 2, portanto, foram selecionadas os projetos premiados nos dois certames, que destacam palavras-chave ligadas ao presente estudo.

2.2.1. Análise dos projetos[6]

Das 20 empresas premiadas em 2010, três deixam explícita a importância do diálogo com a comunidade. Há, entretanto, aquelas que promovem o engajamento de seus funcionários, para transformá-los em multiplicadores, como é o caso do HSBC e Itaú Unibanco.

---

5   Para efeito de análise, a edição de 2013 foi considerada na terceira fase, contemplando-se a empresa destaque da edição, tanto do Guia Exame de Sustentabilidade, como da ABERJE.

6   As citações realizadas nesta sessão foram retiradas do Guia Exames de Sustentabilidade, edições 2010, 2011 e 2012.

A Alcoa, considerada a empresa sustentável de 2010, indica como uma de suas ações a criação de um conselho para reunir comunidade, governo e empresa. Além das reuniões do conselho, que conta com representantes de mulheres e pescadores e autoridades do governo e da cidade, outras pessoas participam indiretamente da iniciativa por meio das câmaras técnicas, que subsidiam o conselho com informações sobre meio ambiente, educação, saúde e segurança, entre outros assuntos. (Guia Exame de Sustentabilidade, 2010, p. 126).

Conforme consta na publicação Guia Exame de Sustentabilidade (2010, p.127) "um dos diálogos mais intensos que a empresa tem travado é com a Associação das Comunidades da Região de Juruti Velho (Acorjuve). Isso reforça a importância dedicada à comunicação, ao diálogo e à participação, essenciais em políticas e ações de sustentabilidade.

A Anglo-American – uma das empresas premiadas em 2010, também assegura na publicação que todos os investimentos sociais são definidos junto com a população beneficiada pelas ações. A participação da comunidade nas discussões das propostas tem sido crescente. "A participação no Fórum Comunitário Intercâmbio tem crescido de forma significativa", revela a publicação. (Guia Exame de Sustentabilidade, 2010, p. 134)

A Fibria – fabricante de papel e celulose, que surgiu da fusão entre a Aracruz e a VCP, entre as premiadas em 2010, investe em projetos de geração de renda para melhorar o relacionamento com as comunidades dos 252 municípios onde possui fábricas e plantações. Contudo, o que mais chama a atenção e permite incluí-la nesta análise, é o fato de que a empresa realiza reuniões com os moradores das comunidades para identificar suas principais demandas. (Guia Exame de Sustentabilidade, 2010, p. 146)

Das 21 empresas consideradas modelo em sustentabilidade em 2011, são restritas às que reforçam seu compromisso de forma explícita com o diálogo junto à comunidade. Uma das que se destacam é a Alcoa, que segue a mesma política já destacada na edição de 2010.

De acordo com a edição de 2011, toda avaliação da Alcoa sobre os impactos da mina de Juruti sobre a comunidade foi feito com participação comunitária (Guia Exame de Sustentabilidade, 2011, p. 138). Para Franklin Feder – Presidente da Alcoa – "precisamos estar sempre abertos a ouvir e dialogar, sem barreiras". (Guia Exame de Sustentabilidade, 2011, p. 138).

Na edição de 2011, a Embraco, especializada na fabricação de compressores, afirma promover "iniciativas de desenvolvimento sustentável na comunidade do entorno, levando em consideração as peculiaridades locais" (Guia Exame de Sustentabilidade, 2011, p. 154). Chama atenção a indicação de que o investimento social que realiza seja precedido de consultas às comunidades envolvidas, para identificar as necessidades e fortalecer a organização comunitária.

Essa mesma conduta parece nortear as ações do Laboratório Sabin, de Brasília, também na lista de 2011, quando assegura que seus "investimentos sociais são precedidos de consultas às comunidades afetadas pela iniciativa e levam em conta o potencial de autossuficiência financeira dos projetos e a aprendizagem gerada pela iniciativa para a formulação e o aprimoramento de políticas públicas". (Guia Exame de Sustentabilidade, 2011, p. 176)

A mesma empresa Anglo American, destacada nas edições de 2010 e 2011, conquistou em 2012 o título de empresa sustentável do ano, pois, conforme a publicação (Guia Exame de Sustentabilidade 2012, p. 115) "estabelecer um diálogo com a comunidade nas regiões em que atua e reduzir o impacto ambiental tem sido estratégico para sua expansão no país".

Destaque pode ser dado ao papel desempenhado pela comunicação no projeto de sustentabilidade da Anglo American, com a realização do Fórum Comunitário Intercâmbio, já mencionado, promovido pela unidade de níquel da mineradora, para discutir com a população as ações da empresa na região, aberto a qualquer morador da comunidade.

A concessionária AES, que também já conquistou o certame em outras edições, aparece entre as premiadas de 2012, orientando os consumidores em bairros de baixa renda sobre medidas de segurança, por meio de campanha educativa.

O Boticário aparece na lista de empresas premiadas em 2012, justamente por estimular os seus fornecedores, franqueados e consumidores a se engajar em iniciativas de sustentabilidade.

Das 21 empresas premiadas em 2012, apenas três mencionam explicitamente a preocupação com a comunicação voltada para o diálogo com seus stakeholders, para definição de suas políticas sociais ou ambientais.

É evidente que para algumas das empresas que não inclui na relação, a comunicação pode estar inserida de forma estratégica em suas práticas sociais. Porém, como não houve menção direta, optei por não mencioná-las nesta análise, até porque, conforme minha proposta, procurei identificar se a comunicação voltada à participação e exercício de cidadania integra os objetivos organizacionais.

É também perceptível em muitos casos que a comunicação organizacional ainda é entendida como prática ligada mais à difusão do que à interlocução, sendo estabelecida de forma unilateral, sem considerar o diálogo, a participação e o estímulo à deliberação das políticas sociais e os grupos sociais como constituído por cidadãos e sujeitos do processo.

Da premiação realizada pela ABERJE, destaquei alguns dos cases que interligam a comunicação com projetos sociais, comunitários e de relacionamento, considerando também a presença de palavras-chave, resultando na seguinte análise:

O projeto Consciência Sustentável Fiat, em 2011, teve como foco o público interno, estabelecendo debate sobre a sustentabilidade. O projeto foi realizado com base nos 5 pilares, sobre os quais a Fiat assenta seu entendimento da sustentabilidade, ao mesmo tempo em que visava divulgá-los e buscar o engajamento dos empregados (produtos, pessoas, comunidade, parceiros, planeta).

O exemplo do case, no qual a empresa estimula o debate e o engajamento do público interno ilustra uma das possibilidades de tornar o ambiente organizacional mais alinhado e coerente com o contexto de uma sociedade que tem por base a política democrática deliberativa.

Já o Projeto Ilhas do Rio, da Petrobrás, premiado em 2012, destaca as parcerias com grupos da sociedade civil e com setores públicos e privados, garantindo a sustentabilidade das atividades previstas. As parcerias, no meu entender, pressupõem diálogo e participação, o que evidencia a perspectiva de uma política de comunicação nas bases da defesa que faço neste trabalho.

Na categoria – Comunicação e relacionamento com a sociedade – destaque em 2012 para o projeto Casa Imerys – Pigmentos para Papéis, no município de Barcarena, Pará.

Para a construção da Casa foi necessário o estabelecimento de diálogo. A comunicação do novo projeto foi feita durante cinco meses em reuniões com lideranças populares e instituições locais que de alguma forma eram ligadas aos projetos sociais.

A Casa também foi apresentada aos colaboradores da própria Imerys. Profissionais da empresa passaram gradativamente a se apresentarem como voluntários ao projeto – afinal, muitos moram em Barena, incluindo Vila do Conde, e viram ali uma forma de beneficiar a comunidade onde vivem. Usando suas habilidades em marcenaria, elétrica e hidráulica, eles se deslocaram no horário de trabalho para ajudar a construir a Casa Imerys.

Esse exemplo caracteriza de forma bastante explícita o vínculo que pode ser estabelecido entre esfera privada e esfera pública, e ao mesmo tempo reforça o papel social da empresa ao estimular o desenvolvimento de seus funcionários, sobretudo como cidadãos.

Da edição de 2011 do prêmio ABERJE destaca-se o projeto AngloGold Ashanti – Diálogo ampliado com stakeholders, que utilizou o processo de comunicação e diálogo como forma de aprimorar o relacionamento com os stakeholders

A empresa aprofundou e fortaleceu, em 2010, o processo de engajamento de públicos de relacionamento, por meio dos Encontros de Diálogo Ampliado.

O ponto central do projeto foi estabelecer um mecanismo estruturado e sistemático de ouvir e entender as necessidades dos públicos de relacionamento, transformando essas contribuições em oportunidades de melhoria em sua atuação, e, ao mesmo tempo, promovendo o engajamento desses públicos, buscando alinhamento e canalização para objetivos comuns.

Para tanto, de acordo com a descrição do case, foi realizado um encontro para ouvir as pessoas e estabelecer um diálogo franco e aberto; compartilhar experiências e percepções, alinhar e aprofundar os conceitos e as práticas de sustentabilidade da AngloGold Ashanti Brasil; estimular a reflexão sobre a Política de Responsabilidade Social da Organização e sobre o papel de cada um nessa jornada; identificar oportunidades de melhoria.

A Vale também foi premiada em 2011 pela ABERJE na categoria Comunicação e Relacionamento com a Comunidade, por seu projeto Rede de Comunicadores, que compreendia a criação de espaços qualificados de interlocução e de estímulo à participação das comunidades nas mais diferentes oportunidades de diálogos abertos e transparentes, capazes de tornar públicas as propostas da empresa.

Para tanto, foi utilizada uma metodologia inovadora, intitulada como licenciamento social, em que a empresa e órgão ambiental promovem processo de licenciamento participativo e transparente.

Nesse contexto, em alinhamento com os valores da Vale, teve início um amplo processo de diálogo social, que objetivou promover espaços de interação a partir da realização de atividades pautadas por troca de informações abertas, participativa entre o órgão ambiental (licenciador) e empresa (licenciada) e comunidades (sociedade civil). Ao mesmo tempo os debates realizados contribuíram para elevar o capital social da região.

O que caracteriza esses cases premiados é a ênfase ao diálogo, ao debate, à participação, ao engajamento, demonstrando que já começa a existir a preocupação com o alinhamento de políticas organizacionais às políticas públicas. Com essa perspectiva dentro do contexto democrático, são exigidas políticas de comunicação que contribuam com o estabelecimento de vínculos entre o interesse público e o interesse privado, mesmo porque é por meio da comunicação que se estabelecem relações e se estimulam os elos sociais.

2.3. Terceira fase

Mesmo diante da inegável contribuição que a análise anterior representa para os fins do presente estudo, julguei importante complementar minhas considerações, conforme já defendido, com uma análise que contemplasse a perspectiva de manifestação não só da empresa, como também de seus stakeholders. Daí a seleção, entre as empresas listadas no levantamento inicial, da empresa do ano de 2013, segundo o Guia Exame de Sustentabilidade e Prêmio ABERJE.

Esta seleção incluiu também o critério atualidade, pois a proposta era identificar as manifestações de clientes e público em geral na rede social - *Facebook*, o que exigia a escolha com base em um projeto recente.

Assim, a seleção do período de levantamento das postagens foi realizada a partir do mês de novembro/2013, quando foi divulgada a premiação do Itaú/Unibanco como empresa sustentável do ano pelo Guia Exame de Sustentabilidade e empresa de comunicação do ano pela ABERJE.

A definição do mês de março/2014 como limite para o levantamento ocorreu em função do prazo de finalização deste trabalho prevista para o mês de abril, o que determinou o tempo entre a coleta de dados e sua análise.

Levando em consideração as postagens divididas entre as categorias definidas para esta pesquisa: 1. Palavra do Banco (Informações disparadas pelo banco): 2. Palavra do Banco (Respostas dadas às solicitações realizadas por clientes e públicos em geral); 3. Palavra do Cliente e dos Públicos em Geral (Respostas em relação ao que o banco emite de informação); 4. Palavra do Cliente e dos Públicos em Geral (Manifestações críticas e solicitações), foi calculado os tipos de manifestação (positiva, negativa, neutra).

Assim, conforme pode ser observado nos gráficos, quando o Banco se manifesta, seja na categoria 1 ou na categoria 2, sua postura é considerada positiva, sendo expressa em palavras como: Comunicação, Consulta, Cultura, Debate, Deliberação, Diálogo, Engajamento, Interação, Ouvidoria, Participação, Preservação Ambiental, Responsabilidade Social, Sustentabilidade (e suas respectivas derivações).

Vejamos um exemplo de postagem que se enquadra na categoria 1:

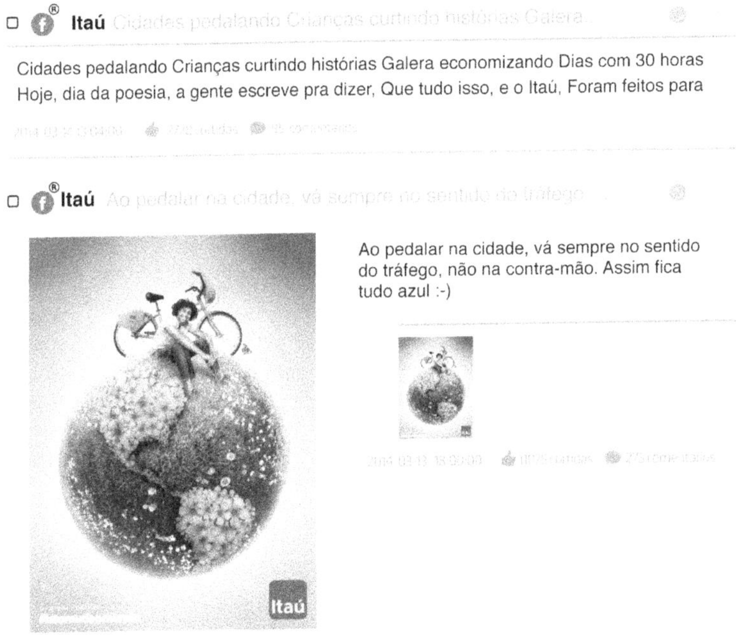

○ ⓕ® **Itaú** Cidades pedalando Crianças curtindo histórias Galera

Cidades pedalando Crianças curtindo histórias Galera economizando Dias com 30 horas
Hoje, dia da poesia, a gente escreve pra dizer, Que tudo isso, e o Itaú, Foram feitos para

○ ⓕ®**Itaú** Ao pedalar na cidade, vá sempre no sentido do tráfego

Ao pedalar na cidade, vá sempre no sentido
do tráfego, não na contra-mão. Assim fica
tudo azul :-)

Figura 1- Exemplo de postagem categoria 1

Na categoria 1 foram analisadas 81 publicações entre os meses de
novembro/2013 e março/2014, percentual equivalente a 100% do total de
publicações.

A seguir, o gráfico apresenta a categoria 1 e o tipo de manifestação por mês,
no período mencionado:

Gráfico 1 - Palavra do Banco (Informações fornecidas pelo banco): 100% positivo.

Filtros Ativos: Período personalizado (01/11/2013 to 31/03/2014) Facebook, Positivo, Neutro, Negativo, Misto, 81 publicações)

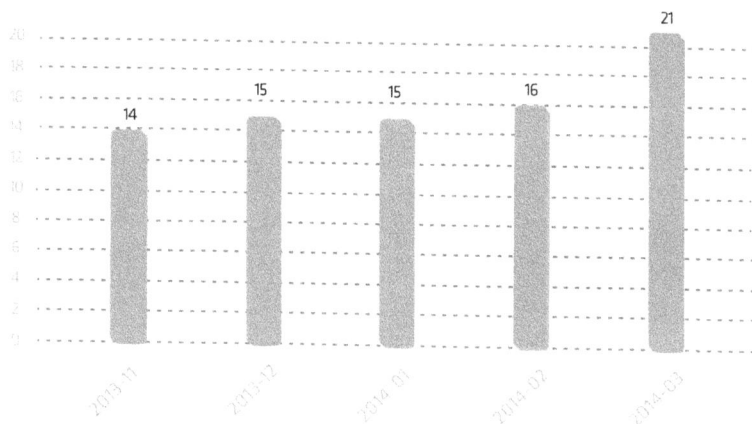

Na categoria 2 foram analisadas 4925 publicações entre os meses de novembro/2013 e março/2014, percentual equivalente a 100% do total de publicações do período.

Segue o gráfico da categoria 2 e o tipo de manifestação, dividido por mês:

Gráfico 2 - Palavra do Banco (Respostas dadas às solicitações realizadas por clientes e públicos em geral)

Filtros Ativos: Período personalizado (01/11/2013 to 31/03/2014), Facebook, Positivo, Neutro, Negativo, Misto, 4.925 posts)

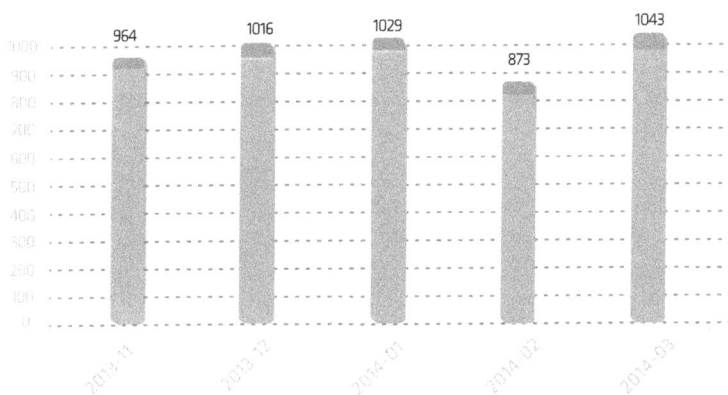

Para a categoria 2 houve, em novembro/2013, 96% de manifestações positivas e 4% consideradas negativas. Em dezembro, foram 94% de manifestações consideradas positivas, contra 6% negativas. Em janeiro/2014, as manifestações foram 96% positivas, enquanto 4% foram negativas. Em fevereiro e março/2014 os percentuais foram os mesmos: 94% positivas, contra 6% negativas.

Esses dados evidenciam que, tanto na categoria 1, como na categoria 2, que representam a palavra do Banco, os tipos de manifestação são consideradas altamente positivas, provavelmente por refletir a política de comunicação, seja no momento que o Banco leva informação para os clientes e público em geral, como nos momentos quando responde às solicitações de clientes e público em geral, indicando uma conduta que atende a uma orientação de diálogo formal, com base no respeito, afinal, a maneira como a empresa se comunica impacta na forma como ela influencia opinião e constrói sua imagem, reputação e marca.

Na categoria 1 o índice de manifestação positiva é de 100%. Mesmo na categoria 2, no que concerne às postagens que o Banco colocou, a fim de dar respostas aos clientes e cidadãos, o índice positivo é bastante expressivo, e o que aparece como "negativo" não traduz uma má abordagem do banco – mas simplesmente que este não soube atender a contento às expectativas dos reclamantes.

Vejamos um exemplo de postagem que se refere à categoria 2:

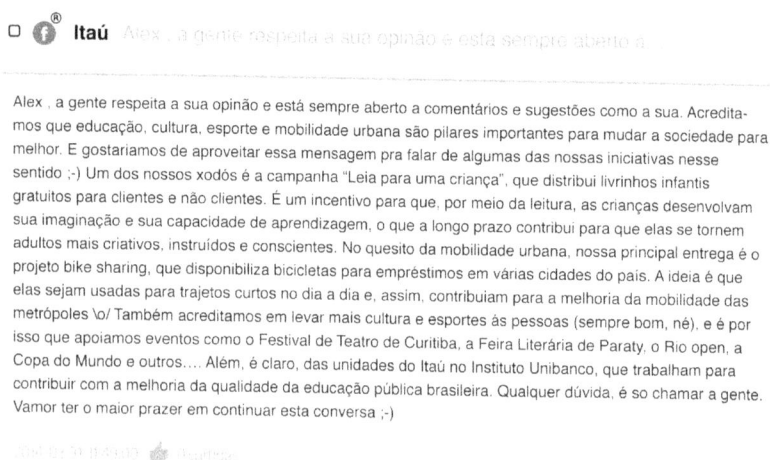

Figura 2 – Exemplo de postagem – categoria 2

Já na categoria 3 foram analisadas 28.951 publicações entre os meses de novembro/2013 e março/2014, percentual equivalente a 100% do total de publicações.

A seguir, o gráfico apresenta a categoria 3 e o tipo de manifestação, com a divisão por mês, no período de novembro/2013 a março/2014:

Gráfico 3 - Palavra do Cliente e dos Públicos em Geral (Respostas em relação ao que o Banco emite de informação)

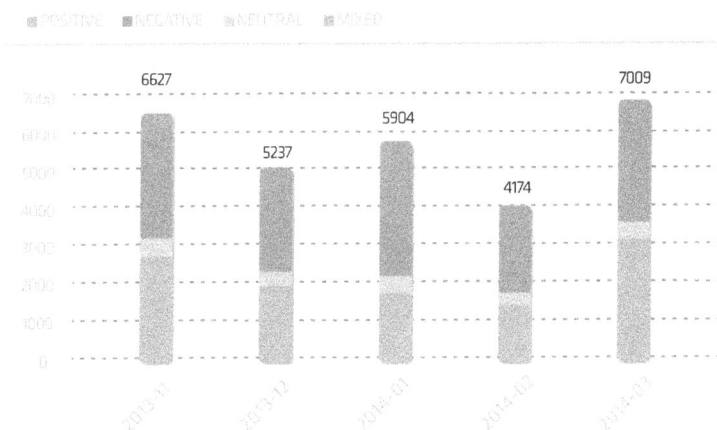

Filtros Ativos: Período personalizado (01/11/2013 to 31/03/2014). Facebook. Positivo, Neutro, Negativo, Misto. 28.951 posts)

Na categoria 3 houve, em novembro/2013 44% de manifestações consideradas positivas, 7% neutras e 49% negativas. Em dezembro/2013 foram 38% de manifestações positivas, 7% neutras e 55% negativas. Em janeiro/2014, as manifestações foram 30% positivas, 7% neutras, enquanto 63% foram consideradas negativas. Em fevereiro/2014 foram 33% positivas, 9% neutras e 58% negativas. No mês de março/2014 os percenturais foram de 48% positivas, 6% neutras e 45% negativas.

Seguem alguns exemplos de postagens aplicadas a essa categoria:

☐ **Alex Hein** Bom... em primeiro lugar, parabéns por todos esses...

em primeiro lugar, parabéns por todos esses projetos que como citou, a longo prazo tem um valor muito importante para nosso país. Mas o que eu me refiro exatamente é algo que crie uma repercussão positiva a nível nacional, como por exemplo: - A reforma de algum hospital que estaja praticamente abandonado pelos nossos governantes; - A compra e entrega (mostrado pela midia) de ambulâncias de uma determinado região do país; - Ampliação e modernização de portos marítimos, criando assima novas oportunidades de emprego; - Criação de institutos de ensino profissionalizante; -Implantação de cursos profissionalizantes oferecendo estágios nas própias agências dos bancos; - E a que eu considero a melhor de todas, a criação de uma grande gincana dividida por estados promovendo a coleta seletiva de lixo para serem reciclados. Dentro de um determinado estado a cidade que juntar a maior quantidade de lixo em toneladas receberá como prêmio um show de nível nacional ou uma UTI móvel para atender melhor a comunidade. Como vemos todos os anos o super, mega , hiper faturamento do Banco Itaú de bilhões e bilhões de reais todo ano, acredito que esses investimentos seriam peixe pequeno para um banco desse porte. Tudo pode parecer meio loucura da minha parte, mas coisas assim fariam o povo ver pra onde vai todas as taxas e juros cobrados pelos bancos.

☐ **Jonas Lima...** Vergonha o Itaú estar ligado a essa copa! Boicote aos...

Vergonha o Itaú estar ligado a essa copa! Boicote aos patrocinadores já!

☐ **Karol Monroe** Olha... critiquei sim esse video, mas fiquei surpresa ao ver

Olha... critiquei sim esse video, mas fiquei surpresa ao ver que o Itaú respondeu a todos que comentaram nesse post... muito bom...

Figura 3 – Exemplos de postagens – categoria 3

Por fim, na categoria 4 foram analisadas 19.846 publicações entre os meses de novembro/2013 e março/2014, percentual também equivalente a 100% do total de publicações.

O gráfico, a seguir, apresenta a categoria 4, o tipo de manifestação, com sua divisão por mês, no período de novembro/2013 a março/2014:

Gráfico 4 - Palavra do Cliente e dos Públicos em Geral (Manifestações críticas e solicitações)

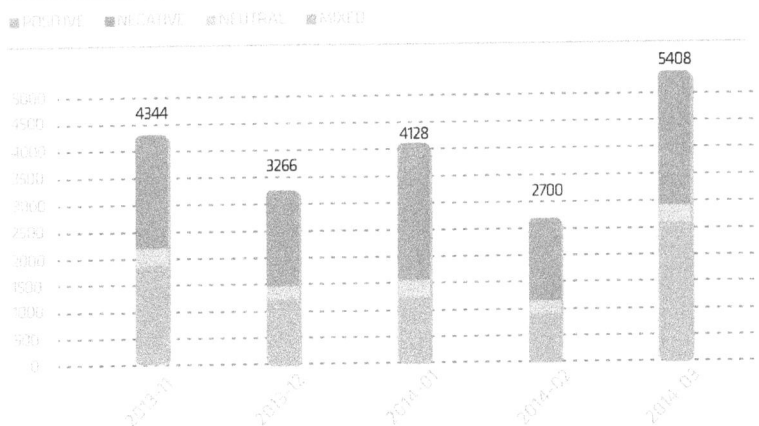

Filtros Ativos: Período personalizado (01/11/2013 a 31/03/2014), Facebook, Positivo, Neutro, Negativo, Misto, 19.846 posts)

Na categoria 4 houve, em novembro 42% de manifestações consideradas positivas, 7% neutras e 50% negativas. Em dezembro foram 39% de manifestações positivas, 7% neutras e 54% negativas. Em janeiro, as manifestações somaram 31% positivas, 08% neutras, e 61% negativas. Em fevereiro foram 36% positivas, 08% neutras e 56% negativas. No mês de março os percentuais foram de 46% positivas, 6% neutras e 48% negativas.

Seguem exemplos de postagens de cada tipo de manifestação dessa categoria:

□ ⓕ **Andrew Goodman..** ...FUI PREJUDICADO PELO BANCO ITAU...

FUI PREJUDICADO PELO BANCO ITAU ... O SEGURO de perda, furto ou roubo é opcional e não obrigatorio, sendo oferecido pelas administradoras de cartões de credito e garantido por uma seguradora. O seguro têm a finalidade de cobrir os saques e compras derivados do uso indevido por TERCEIROS. Os contratos de cartão de crédito possuem cláusula indicando que as administradoras responsabilizam o titular/ associado pelo uso indevido anterior a comunicação de fato á central de atendimento. No entanto, o Código de Defesa do Consumidor considera tal procedimento indevido, pois a responsabilidade na segurança da prestação do serviço também é do fornecedor, que deve tomar cuidados quando da aceitação do cartão para o pagamento de produtos ou serviços. Ressalte-se ainda que nos termos da legislação o consumidor é vulnerável e a fragilidade do sistema permite, por vezes, a utilização indevida do cartão por terceiros. O consumidor deverá formalizar reclamção em órgão de defesa do consumidor, no Juizado Especial Cível (valores atpe 20 salarios mínimos) ou Justiça Comum.

Tipo de manifestação negativa – categoria 3

□ ⓕ **Lucy Mariane...** LINDO, seria ver esta "torcida brasileira" unida pela ...

LINDO, seria ver esta "torcida brasileira" unida pela EDUCAÇÃO, SAÚDE E SEGURANÇA, dizendo NÃO á corrupção, á impunidade, á falcatrua, á depredação, á violencia, aos mais politivcos e as injustiças que acontecem em nosso páis!

Tipo de manifestação neutra – categoria 3

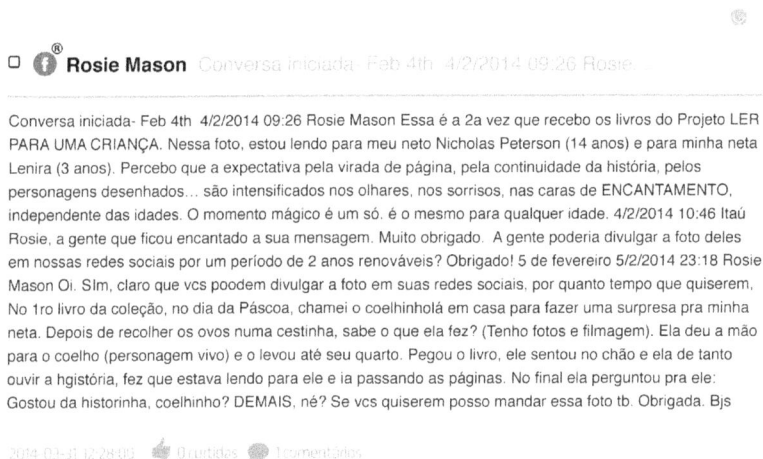

Conversa iniciada- Feb 4th 4/2/2014 09:26 Rosie Mason Essa é a 2a vez que recebo os livros do Projeto LER PARA UMA CRIANÇA. Nessa foto, estou lendo para meu neto Nicholas Peterson (14 anos) e para minha neta Lenira (3 anos). Percebo que a expectativa pela virada de página, pela continuidade da história, pelos personagens desenhados... são intensificados nos olhares, nos sorrisos, nas caras de ENCANTAMENTO, independente das idades. O momento mágico é um só. é o mesmo para qualquer idade. 4/2/2014 10:46 Itaú Rosie, a gente que ficou encantado a sua mensagem. Muito obrigado. A gente poderia divulgar a foto deles em nossas redes sociais por um período de 2 anos renováveis? Obrigado! 5 de fevereiro 5/2/2014 23:18 Rosie Mason Oi. SIm, claro que vcs poodem divulgar a foto em suas redes sociais, por quanto tempo que quiserem, No 1ro livro da coleção, no dia da Páscoa, chamei o coelhinholá em casa para fazer uma surpresa pra minha neta. Depois de recolher os ovos numa cestinha, sabe o que ela fez? (Tenho fotos e filmagem). Ela deu a mão para o coelho (personagem vivo) e o levou até seu quarto. Pegou o livro, ele sentou no chão e ela de tanto ouvir a hgistória, fez que estava lendo para ele e ia passando as páginas. No final ela perguntou pra ele: Gostou da historinha, coelhinho? DEMAIS, né? Se vcs quiserem posso mandar essa foto tb. Obrigada. Bjs

Figura 4 – Exemplos de postagens – categoria 4

Tipo de manifestação positiva – categoria 3

Há, dessa forma, um equilíbrio entre os tipos de manifestação durante os meses de levantamento, tanto para a categoria 3 (Palavra do Cliente e dos Públicos em Geral - respostas em relação ao que o Banco emite de informação), quanto para a categoria 4 (Palavra do Cliente e dos Públicos em Geral - manifestações críticas e solicitações).

Ao mesmo tempo, podemos perceber que, quando se trata de clientes e público em geral, as palavras negativas que mais se destacam são indignação, insatisfação, revolta, abuso, roubo, falsidade, ruim, prejuízo.

Há, também, o emprego de termos de baixo calão, com certa frequência, indicando que muitos dos que se manifestam nas redes sociais sobre o Banco o fazem de forma desrespeitosa, talvez impulsionados por problemas relacionados à falta de atendimento adequado às suas necessidades e expectativas, talvez motivados pela liberdade de expressão, que as redes sociais parecem proporcionar.

Outro aspecto a se enfatizar diz respeito ao número de postagens que aparecem enquadradas nas categorias 3 e 4, que é significativamente maior do que aquelas que integram as categorias 1 e 2, o que indica que quando se trata de apresentar problemas e críticas, há uma tendência de manifestação muito maior. Por isso, há necessidade de se atentar para que as políticas de comunicação sejam voltadas para monitorar, ouvindo e entendendo as manifestações negativas e investindo em ações que promovam o diálogo e a aproximação.

Percebe-se que há seis tipos de postagens:

1- Aquelas que reclamam da péssima qualidade daquilo que o Banco Itaú oferece a seus clientes;

2- Aquelas que elogiam o Banco, ressaltando que este atendeu bem reclamações individuais, mormente apenas o caso do reclamante em particular;

3- Aquelas que se emocionaram com a Campanha Publicitária que o Banco patrocinou a respeito da Copa do Mundo de Futebol;

4- Aquelas que se queixam do dinheiro gasto com os custos dessa Copa do Mundo – visto como um dinheiro que sai do bolso da população e não traz benefícios sociais aparentes;

5- Aquelas que não passam de pura galhofa;

6- Aquelas que ligam as instituições bancárias ao grupo de políticos corruptos que prejudicam o país, estabelecendo um vínculo com estes.

Vejamos alguns exemplos aleatórios:

□ ⓕ® **Erick Mott**

o banco mais nojento do mundo. Uma burocracia para abrir uma copnta, digital e assinaturas e outras coisas mais, na hora que eu pedi um empréstimo nao autorizaram, porem um estranho conseguiu o tal feito no meu nome, sem nenhuma assinatura e nem mesmo minha digital e sacou 2.400 reais. vão a merda. pior coisa que eu fiz. agora me resta processar.

Figura 5 - Tipo de manifestação negativa – categoria 4

□ ⓕ® **John García**

Quem olha essa propaganda até pensa que o cidadão brasileiro teria condições de ir nessa merda de copa. Olha o preço do ingreso. Sem contar que ela será feita com o suor de que nunca pode ir a uma escola decente, um hospital de qualidade e andar num transporte público digno. Só sinto revolta.

Figura 6 - Tipo de manifestação negativa – categoria 3

□ ⓕ® **Philips S Woodman**

Copa pros rikinos da merda, e os de classe menor vao de fude trabalhando, se junta por direitos iguais e nao para torcer por esse lixo de corrupção. _l_ meu foda-se para vcs!!!!

Figura 7 - Tipo de manifestação negativa – categoria 3

76

Adriane Serrato

Não sou do contra mão pessoal mas quero deixar minha experiência com o Itau tenho 3 contas, sou cliente desde 1990 tudo o q peço sou atendido a contento, meus gerentes de conta são competentes e prestativos, por enquanto o Itaú me serve bem.

Figura 8 - Tipo de manifestação positiva – categoria 3

Brooke Rodrigo Sullivar

Vi bastante reclamações, mas até agora so o que tenho para falar deste banco é algo bom, sempre fui mt bem atendido, mas seria melhor ainda se as taxas não fossem tão altas. Espero que continue sendo um otimo banco e que eu não precise mais um vez mudar de banco.

Figura 9 - Tipo de manifestação positiva – categoria 3

Edison Marino

Sou cliente do Itaú á 15 anos e sempre fui bem atendido pelos   gerentes que sempre informam as melhores aplicações, sou pequeno investidor e nunca tive problemas algum... vamos curtir a música e se te problemas com o banco liga e resolve...

Figura 10 - Tipo de manifestação positiva – categoria 3

□ ⑥® **Fabiola Gross..**

Após vários tentativas de solucionar o problema amigavelmente (liguei no SAC contcto o total de 100 protocolo, mais 2 atendimientos no telefone de 30 horas que foi informado aqui (que não me forneceram protocolo) e mais 02 protocolos junto a Ouvidoria, além de reclamar tambem na página oficial do Banco Itaú aqui no facebook e também no site Reclame Aqui o problema NÃO FOI RESOLVIDO. O banco em REPRESÁLIA por eu ter feito a reclamação encerrou a minha conta SEM ME DAR NENHUMA INFORMÃO e meu dinheiro simplesmente SUMIU da conta, depois de incontáveis ligações para saber onde é que estava meu dinheiro, recebi uma ligação ontem (13/01/14) da Ouvidoria me dizendo que minha conta havia sido cancelada, alegam "desacordo comercial" e que! o valor está em uma ordem de pagamento Carta Registrada de Banco Itaú, informando que minha conta foi encerrada! UM absurdo!!!! Como não houve entendimento amigável por parte de Banco ITAÚ; Infelizmente terei que tomar outras providências, Só uma palavra : INDIGNAÇÃO!

Figura 11 - Tipo de manifestação negativa – categoria 4

□ ⑥® **July Kan**

o nome de seu amor- feche a mão 2- Diga o nome de 1 dia da semana 3- Seu nome 4- Abra a mão 5-Cole isso em outros 15 comentário, e bem no dia que você escolheu. Irá dize-lhe que gosta de vc e irá pedir vc para namorarem. Se vc rejeitar esse poste, tudo irá dar errado nos próximos 3 ano.

Figura 12 – Tipo de postagem aleatória

A postagem acima exemplifica abordagens sobre questões aleatórias entre manifestações sobre assuntos relacionados ao Banco.

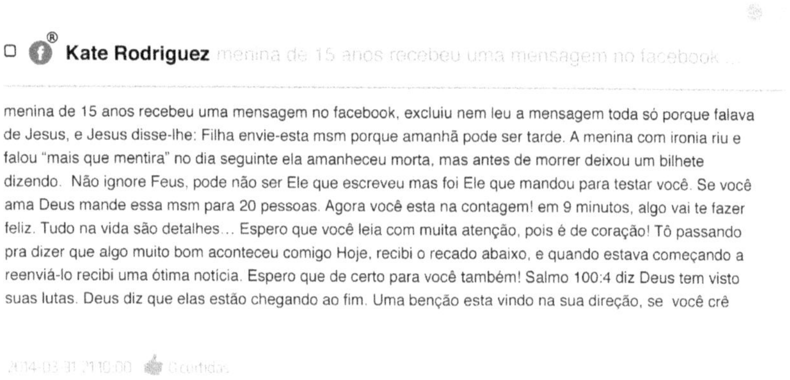

Kate Rodriguez menina de 15 anos recebeu uma mensagem no facebook ...

menina de 15 anos recebeu uma mensagem no facebook, excluiu nem leu a mensagem toda só porque falava de Jesus, e Jesus disse-lhe: Filha envie-esta msm porque amanhã pode ser tarde. A menina com ironia riu e falou "mais que mentira" no dia seguinte ela amanheceu morta, mas antes de morrer deixou um bilhete dizendo. Não ignore Feus, pode não ser Ele que escreveu mas foi Ele que mandou para testar você. Se você ama Deus mande essa msm para 20 pessoas. Agora você esta na contagem! em 9 minutos, algo vai te fazer feliz. Tudo na vida são detalhes... Espero que você leia com muita atenção, pois é de coração! Tô passando pra dizer que algo muito bom aconteceu comigo Hoje, recibi o recado abaixo, e quando estava começando a reenviá-lo recibi uma ótima notícia. Espero que de certo para você também! Salmo 100:4 diz Deus tem visto suas lutas. Deus diz que elas estão chegando ao fim. Uma benção esta vindo na sua direção, se você crê

2014-03-31 21:10:00 0 curtidas

Figura 13 – Tipo de postagem aleatória

Outra postagem que exemplifica inúmeras abordagens sobre questões aleatórias entre manifestações sobre assuntos relacionados ao Banco.

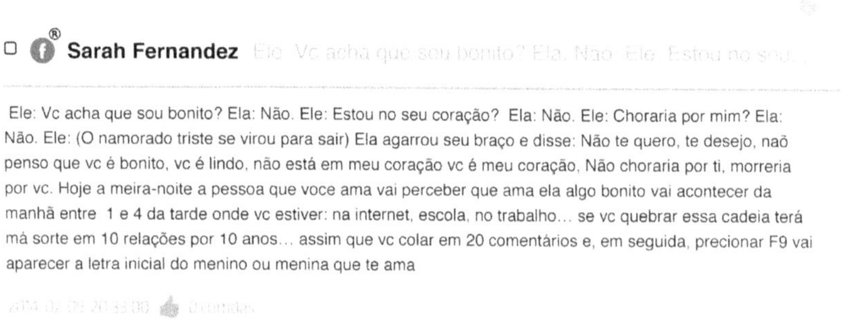

Sarah Fernandez Ele: Vc acha que sou bonito? Ela: Não. Ele: Estou no seu...

Ele: Vc acha que sou bonito? Ela: Não. Ele: Estou no seu coração? Ela: Não. Ele: Choraria por mim? Ela: Não. Ele: (O namorado triste se virou para sair) Ela agarrou seu braço e disse: Não te quero, te desejo, naõ penso que vc é bonito, vc é lindo, não está em meu coração vc é meu coração, Não choraria por ti, morreria por vc. Hoje a meira-noite a pessoa que voce ama vai perceber que ama ela algo bonito vai acontecer da manhã entre 1 e 4 da tarde onde vc estiver: na internet, escola, no trabalho... se vc quebrar essa cadeia terá má sorte em 10 relações por 10 anos... assim que vc colar em 20 comentários e, em seguida, precionar F9 vai aparecer a letra inicial do menino ou menina que te ama

Figura 14 – Outra postagem que exemplifica inúmeras abordagens sobre questões aleatórias entre manifestações sobre assuntos relacionados ao Banco.

Ainda que possa ser considerado um levantamento de uma realidade efêmera, não há como negar que a internet, com destaque para as mídias sociais, revela-se como um fenômeno que impacta instituições públicas e privadas pelas crescentes manifestações das mais diversas vozes dispersas, muitas das quais experimentando, só recentemente, a oportunidade de emitir suas opiniões, seja de forma positiva ou negativa, sobre assuntos das mais diversas naturezas.

Entre esses assuntos, alguns podem ser caracterizados como íntimos, enquanto outros se relacionam a questões de interesse público. O que importa é que as pessoas se expressam sem a necessidade de intermediários e isso dá poder ao cidadão, de forma que ele se sente mais instigado a opinar sobre variados assuntos, em especial quando estes afetam sua vida.

Esse fenômeno, portanto, não pode ser visto estritamente como um objeto nesta pesquisa, mas, antes de tudo, como responsável por gerar impacto na quantidade e diversidade das opiniões manifestas.

Dificilmente, por outros caminhos, teríamos a oportunidade de levantar o número expressivo de manifestações que surgem nas mídias sociais, como ocorreu com este estudo.

É inegável, portanto, que a presença das redes sociais provoca o surgimento de novos paradigmas para comunicação e o relacionamento das organizações com os grupos sociais.

Esse mesmo fenômeno revela sua face democrática e exemplifica o quanto as fronteiras entre público e privado estão se tornando híbridas, pois, seja de maneira formal e respeitosa, como de maneira informal, banal e/ou agressiva, as pessoas têm se manifestado sobre a conduta das empresas e cobrado responsabilidade sobre suas decisões, contrariando o que antes se restringia ao seu âmbito privado.

Atualmente, tais decisões geram julgamentos, sejam eles positivos negativos ou neutros, de um número crescente de pessoas que deixaram de ser receptores e objetos das políticas de comunicação, para se transformarem em sujeitos, interlocutores e protagonistas, com direito à voz.

Pelo levantamento realizado, parte das empresas parece já ter entendido esse novo cenário, no qual se insere o novo sujeito interlocutor. Todavia, ainda há muitas organizações que se surpreendem e não estão preparadas para a adoção de políticas e práticas de comunicação alinhadas com o contexto democrático.

No caso do Itaú/Unibanco, percebe-se a utilização de canais de comunicação que incentivam a interlocução, com orientação para que tudo o que seja disparado como informação sobre suas iniciativas e políticas ocorra de maneira aberta e respeitosa.

É óbvio que o Banco, como instituição financeira, tem preocupação com sua reputação e com a forma como constrói e consolida sua marca, num mercado competitivo e numa sociedade que cobra justificativa por seus ganhos.

Cabe, também, resgatar que a escolha por analisar o Itaú/Unibanco se deu em função de sua premiação em dois certames em 2013 (Empresa Sustentável do Ano pelo Guia Exame de Sustentabilidade e Empresa de Comunicação do Ano pela ABERJE).

Todavia, foram raras as postagens sobre o tema, durante o levantamento que trataram diretamente dos projetos premiados, em qualquer das categorias de análise, ainda que o monitoramento tenha sido iniciado a partir do mês quando aconteceram as respectivas premiações.

Isso indica que, mesmo recebendo reconhecimento de jurados, dos promotores das premiações, de grupos ligados mais diretamente aos eventos e dos que tiveram acesso à publicação dos cases, em especial por meio das versões impressa e eletrônica do Guia Exame de Sustentabilidade e do site da ABERJE, as premiações não geraram grande impacto nas manifestações (positivas ou negativas) nas redes sociais, o que revela que há projetos sociais/ambientais que não necessariamente contam com a interlocução necessária com seus públicos.

Demonstra-se, assim, certa incoerência, já que tais projetos demandariam interlocução, aos menos com aqueles que são impactados por suas ações, pressupondo, além das manifestações decorrentes das publicações, também a necessidade de existência de espaços para deliberação nos ambientes organizacionais, para definição desses projetos sociais/ambientais.

Como a proposta da pesquisa empírica era observar como as empresas têm elaborado e colocado em prática suas políticas sociais/ambientais e de comunicação e quais as mudanças têm sido incorporadas, que revelem sua percepção em relação aos grupos sociais com os quais interagem, podemos dizer, no caso específico do Itaú/Unibanco, que esse entrelaçamento não existiu.

Claro que também devemos levar em conta que alguns dos projetos do Banco foram voltados para o público interno e este tem restrição para se manifestar nas redes sociais. Mesmo assim, a incoerência se mantém, no caso da aplicação do conceito de comunicação pública, até pela presença dessa restrição.

Porém, não se pode ignorar que as manifestações não são de responsabilidade exclusiva do Banco. Já que o indivíduo deve ser hoje o sujeito do processo de comunicação, cabe a ele também a responsabilidade sobre as manifestações em torno de assuntos de interesse coletivo.

Pelas postagens apresentadas, é possível identificar um número expressivo ligado a questões de interesse próprio, com a finalidade de expor problemas relacionados a serviços que o Banco oferece ou mesmo questionamentos sobre cobranças e taxas, o que também é legitimo.

O que se pode constatar de manifestações relacionadas a assuntos de interesse público são as referentes a percepções sobre projetos culturais desenvolvidos (Itaú Cultural) ou mesmo sobre patrocínios do Banco, com destaque especial para a Copa do Mundo de 2014.

Há, nesse caso, desde manifestações de aprovação como de reprovação, pois existia a tendência de considerar os patrocinadores, incluindo o Itaú, como sendo os responsáveis pela realização da Copa no Brasil. Isso implicou tanto ganhos para a imagem, reputação e marca da empresa patrocinadora, por parte dos que enxergam os aspectos positivos do certame, como também questionamentos e críticas por parte dos que consideraram o certame como prejudicial ao País e à sua população.

Já a análise da fase 2 desta pesquisa permitiu identificar empresas que demonstram a preocupação com questões-chave, com a inclusão de argumentos que reforçam a presença de diálogo, consulta, debate, engajamento, ouvidoria. E todas essas questões são cruciais para garantir que as empresas realizem projetos socioambientais mantendo interface com comunicação.

3. Relação das análises da pesquisa com as hipóteses

Entre as hipóteses que nortearam este estudo foi possível comprovar parcialmente, por pesquisa empírica, que, quando a Comunicação Organizacional se integra com a Comunicação Pública, tende a alinhar os interesses do mercado e do Estado. Essa hipótese foi evidenciada em especial com o levantamento e análise realizada na fase 2, quando parte das empresas descreveram em seus cases a adoção de práticas de incentivo à participação, diálogo, engajamento, debate, ouvidoria, que precedem a definição de seus projetos sociais.

No resultado da pesquisa empírica não há evidências de que numa sociedade democrática, quando a Comunicação Organizacional inclui a Comunicação Pública como conceito fundamental da esfera pública, tende ao reconhecimento dos stakeholders, profissionais da comunicação e da sociedade. Entretanto, constata-se o reconhecimento dos projetos com as premiações, que envolvem jurados, organizações ligadas diretamente aos certames e aqueles que tiveram acesso às suas publicações.

Mesmo assim, o reconhecimento não se dá necessariamente em função da comunicação dessas empresas premiadas incluírem a comunicação pública como conceito fundamental.

A hipótese que considerava que políticas de comunicação organizacional podem contribuir com a comunicação pública, na medida em que o que se desenvolve na esfera privada tem reflexo na esfera pública, pode ser considerada comprovada por meio da pesquisa empírica ao se observar tanto a segunda fase, quanto a terceira.

Na segunda fase, com a análise de empresas que incluíam em seus cases palavras-chave relacionadas a debate, deliberação, diálogo, engajamento, participação, ouvidoria, ficou evidente a preocupação de organizações mais alinhadas com o cenário democrático quanto ao impacto que gera na esfera pública.

Na terceira fase da pesquisa, com a análise das postagens sobre o Itaú/Unibanco, pode-se observar a preocupação do Banco em apresentar suas práticas voltadas às questões sociais, ambientais, culturais, de qualidade de vida, o que evidencia uma conduta voltada a justificar sua ação junto à sociedade, portanto, refletindo uma política de comunicação que gere impacto na esfera pública.

Quanto à hipótese de que as empresas que adotam políticas de comunicação organizacional integrada, que não se restringem aos resultados mercadológicos, são as que geram impacto positivo na esfera pública, pois têm visão mais estratégica e abrangente de seu compromisso com as questões de interesse público, pode-se analisar que, enquanto sob a perspectiva teórica ela pode ser comprovada, sob o ponto de vista empírico, apesar de haver indicativos nesse sentido, pelos projetos sociais/ambientais desenvolvidos ainda se carece de uma comprovação efetiva, com a complementação de novas pesquisas que avaliem em profundidade as políticas de comunicação adotadas por tais empresas.

Já a última hipótese, que considerava que ações que estimulam a manifestação, o debate e a interação entre organizações e grupos sociais têm feito parte das políticas de comunicação de empresas, instituições sociais e organismos públicos, evidenciando o entrelaçamento entre comunicação organizacional e comunicação pública foi comprovada sob o ponto de vista teórico, e de forma relativa na pesquisa empírica, pois o espaço de manifestação está presente independente do estímulo proporcionado pelas empresas, em decorrência do advento das mídias sociais.

Contudo, não se pode negar que há empresas criando espaços de manifestação, como os exemplificados na segunda fase da pesquisa. Estes espaços são em forma de fóruns, conselhos, reuniões e encontros.

PARTE III

1. Conclusão

Se a democracia pressupõe a participação do cidadão nas discussões que afetam sua vida, o conceito de comunicação pública se revela alinhado com deliberação, uma vez que é nesse contexto que as discussões democráticas podem influir nos processos legislativos. Tais discussões podem ser extraídas de conversações que ocorrem nas esferas tanto privadas como públicas, produzindo resultados coletivos.

Claro que a sociedade necessita do estabelecimento de critérios para definir o que na esfera privada deve ser discutido e deliberado na esfera pública, para que não se comprometa a liberdade individual. Contudo, não há dúvida de que muitas questões que se apresentam na esfera pública advêm dos problemas que os cidadãos enfrentam em seu cotidiano.

Numa sociedade democrática a fronteira entre público e privado tende a se diluir, já que as organizações privadas também precisam estar alinhadas com o cenário democrático, sendo dispostas a criar espaços de deliberação, que permitam a manifestação dos argumentos dos que com ela se relacionam, com respeito e igual consideração.

Nesse contexto, o destaque ao respeito ocorre porque sua presença é determinante para se garantir que argumentos sejam apresentados de forma mais aberta, orientando o nível e a qualidade da discussão, capaz de influir na forma como é construída a deliberação e definindo se ela pode ser, de fato, considerada fruto de efetivo debate democrático, advindo dos diversos espaços de manifestação.

A análise aqui apresentada procurou alinhar a interrelação entre os conceitos de comunicação pública e organizacional com democracia, deliberação e capital social.

Das hipóteses consideradas para este estudo, pode-se comprovar, por abordagem teórica, que a comunicação organizacional se integra à comunicação pública como conceito fundamental, alinhando os interesses do mercado e do Estado, quando desenvolve políticas de responsabilidade socioambiental/sustentabilidade, pois, dessa forma, atende ao interesse de todos, inclusive interesses de médio e longo prazo das empresas.

Também teoricamente foi possível comprovar a hipótese de que, numa sociedade democrática, quando a Comunicação Organizacional inclui a Comunicação Pública como conceito fundamental da esfera pública, tende ao reconhecimento dos stakeholders, profissionais da comunicação e da sociedade.

Todavia, essa hipótese não pode ser comprovada pela pesquisa empírica, uma vez que, conforme já analisado, no levantamento realizado na rede social *Facebook*, não houve manifestação que correspondesse à interlocução entre a empresa com os públicos sobre especificamente os projetos premiados.

Isso pode provocar um sério questionamento quanto aos reais objetivos de tais projetos, já que a falta de pronunciamento sobre iniciativas premiadas pode expressar uma preocupação das empresas muito mais voltada para gerar valor junto a investidores do que preocupação mais abrangente com todos os stakeholders, em especial os que serão mais diretamente impactados por essas ações.

Nesse sentido, cabe a sugestão para que os organizadores dos certames voltados à premiação de empresas com foco em responsabilidade socioambiental e comunicação incluam critérios que também avaliem os espaços de interlocução e de estímulo para manifestação, debate e deliberação criados pelas organizações na definição, planejamento e execução de suas políticas de responsabilidade social e ambiental.

Da mesma forma, as afirmações de que as políticas de comunicação organizacional podem contribuir com comunicação pública, bem como que tais políticas podem gerar impactos positivos na esfera pública, também definidas como hipóteses, puderam ser comprovadas teoricamente, mas tiveram manifestações limitadas empiricamente, justamente por ausência explícita de espaços de deliberação.

Por fim, foi possível evidenciar que ações que estimulam a manifestação, o debate e a interação entre organizações e grupos sociais têm feito parte das políticas de comunicação de algumas empresas, destacadas na fase 2 e na fase 3 da pesquisa empírica deste estudo, evidenciando que o entrelaçamento entre comunicação organizacional e comunicação pública, ainda que exija amadurecimento, começa a se manifestar de forma embrionária, em especial pela facilidade de interlocução propiciada com o advento das mídias sociais.

Assim, de toda análise realizada, teórica e empiricamente, pode-se concluir que os conceitos de comunicação organizacional e comunicação pública tendem cada vez mais a se entrelaçar num contexto que exige que os interesses das organizações se alinhem com os interesses da sociedade, ainda que essa concepção se mostre limitada em boa parte das empresas aqui analisadas.

Essa tendência também sugere que as políticas de comunicação devem levar em consideração questões fundamentais como a garantia de participação de todos no âmbito organizacional, já que democracia deve ir além da esfera estatal.

Essas políticas de comunicação também precisam considerar seu papel na constituição do capital social, pois os vínculos sociais estabelecidos com base na confiança representam não só ganhos econômicos para a empresa, como também representa a forma como se fortalecem os diferentes grupos que integram as esferas públicas. Para tanto, há de se reconhecer o novo papel dos indivíduos e grupos sociais na sociedade.

Algumas empresas, conforme pode ser observado na fase 2 da pesquisa empírica, não só incluem a preocupação com o interesse público, como também têm instituído políticas de comunicação que permitem a consulta e a manifestação da comunidade envolvida.

De tudo o que foi exposto e considerando a análise dos níveis de consciência organizacional, proposta por Richard Barrett (1998), que tratei de mencionar na seção 4, é possível concluir que as empresas que se apresentam nos primeiros níveis, em especial as que se encontram no nível 1, ou seja, que focalizam a questão financeira e o crescimento organizacional, incluindo valores como lucratividade, valor do acionista, saúde e segurança do funcionário, mantêm distância entre a comunicação organizacional e a comunicação pública, pois seus interesses financeiros mostram-se acima do interesse público.

No nível 2, com foco nos relacionamentos, que contempla a qualidade dos relacionamentos interpessoais entre colaboradores e clientes/fornecedores e inclui valores como comunicação aberta, resolução de conflitos, satisfação do cliente, cortesia e respeito, há perspectivas de evoluir de uma comunicação organizacional restrita ao âmbito interno, para uma comunicação com viés de interesse público, mas apresenta limitações advindas de medos relacionados à perda de controle e consideração pessoal, pois, de acordo com o autor, isso gera manipulação, culpabilização e competição interna.

O nível 3, de Autoestima, também revela potencial de que a comunicação organizacional evolua para uma perspectiva pública, ainda que limitante, já que neste nível há preocupação com práticas de gestão que melhoram os métodos de trabalho e a entrega de serviços e produtos, incluindo valores como produtividade, eficiência, crescimento profissional, desenvolvimento de habilidades e qualidade. Porém, também apresenta problemas decorrentes de valores presentes como status, arrogância, burocracia e complacência.

O nível 4 mostra também potencial para o estabelecimento de políticas de comunicação organizacional num nível mais avançado de interação, pois visa-se a renovação contínua e o desenvolvimento de novos produtos e serviços, além de conter valores que sobrepõem os valores potencialmente limitantes dos níveis 1 a 3.

Valores neste nível incluem responsabilidade, participação do funcionário, aprendizagem, inovação, trabalho em equipe, desenvolvimento pessoal e compartilhar conhecimento, e essas são condições preliminares para o início do desenvolvimento de capital social e para perspectivas futuras de engajamento em questões de interesse público.

O nível 5, por sua vez, foca o espírito de comunidade na empresa. Ele inclui valores como confiança, integridade, honestidade, consciência de valores, cooperação, excelência e justiça, o que evidencia este como o nível mais propício para a constituição de capital social, podendo também ser entendido como um nível de preparação para o avanço posterior, além dos limites organizacionais.

O nível 6, que volta-se para o amadurecimento e fortalecimento dos relacionamentos e na realização do funcionário, também integra os níveis que propiciam o desenvolvimento de capital social. Como este nível envolve o ambiente interno e externo, pois dentro da organização inclui valores como desenvolvimento da liderança, capacidade de ser mentor, capacidade de *coach* e realização do funcionário e externamente inclui valores como colaboração com clientes e fornecedores, criação de parcerias, alianças estratégicas, envolvimento com a comunidade, consciência ambiental e fazer a diferença, podemos considerar como o nível que consegue evidenciar a relação entre interno e externo, entre privado e público.

Todavia, é o nível 7 que consegue, de forma mais efetiva, refletir o nível mais alto de conexão interna e externa, uma vez que dentro da organização inclui valores como visão, sabedoria, capacidade de perdoar e compaixão e externamente incluir valores como justiça social, direitos humanos, perspectiva global e futuras gerações.

Com essa análise, pode-se concluir que a interação entre comunicação pública e comunicação organizacional ainda não é uma prática entendida por todas as organizações, porque essa relação depende justamente do nível de consciência de cada organização.

Vale enfatizar que no atual contexto democrático e de cidadania é inconcebível que a elaboração de ações ou políticas de responsabilidade social, ambiental e de comunicação não promova abertura para participação, debate e espaços para deliberação que incluam os sujeitos coletivos impactados por essas decisões.

Esse contexto exige que a comunicação deixe de ser apenas ferramenta e passe a ser política de gestão, em que todos, direta ou indiretamente, devem exercer o direito e o dever de se expressar, de participar, de se posicionar e de assumir responsabilidades em relação às decisões que ajudem a tomar e que se refletirão no espaço público.

Por fim, cabe observar que, no que se refere a análise empírica, o levantamento realizado nesta publicação teve suas limitações, principalmente na fase que envolveu o monitoramento da rede social *Facebook*, por se restringir a levantar dados sobre uma empresa. Mesmo assim, consideramos que este trabalho traz efetivas contribuições para o delineamento de novos estudos que aprofundem a abordagem aqui proposta.

GLOSSÁRIO

Accountability: Termo que não possui homogenidade conceitual. Frequentemente é usado em circunstâncias que denotam responsabilidade civil, imputabilidade, obrigações e prestação de contas. Na administração, a *accountability* é considerada um aspecto central da *governança*, tanto na esfera pública como na privada, como a controladoria ou contabilidade de custos.

Advocacy: Trata-se de uma prática política levada a cabo por indivíduo, organização ou grupo de pressão, no interior das instituições do sistema político, com a finalidade influenciar a formulação de políticas e a alocação de recursos públicos. A advocacy pode incluir inúmeras atividades, tais como campanhas por meio da imprensa, promoção de eventos públicos, comissionamento e publicação de estudos, pesquisas e documentos para servir aos seus objetivos. O Lobby é uma forma de advocacy realizada mediante a abordagem direta dos legisladores para defender determinado objetivo e tem um papel importante na política moderna. Estudos têm explorado o modo pelo qual os grupos de advocacy utilizam os meios de comunicação social para promover a mobilização civil e a ação coletiva em defesa dos interesses que defendem.

Capital Social: Refere-se a boa vontade, amizade, solidariedade, interação social entre os indivíduos e as famílias que compõem uma unidade social. Uma pessoa apenas existe socialmente, se deixada a si próprio... Mas se ela entrar em contato com o seu vizinho, e estes com outros vizinhos, haverá uma acumulação de capital social, que pode imediatamente satisfazer suas necessidades sociais e que podem ostentar uma potencialidade social suficiente para a melhoria substancial da comunidade, para as condições de vida de toda a comunidade. A comunidade como um todo se beneficiará pela cooperação de todas as suas partes, enquanto que o indivíduo vai encontrar nas suas associações as vantagens da ajuda, da solidariedade... bem como seu vizinho no clube. É nesse sentido que o capital social é abordado neste livro.

Cidadania: É o exercício dos direitos e deveres civis, políticos e sociais estabelecidos na constituição. Uma boa cidadania implica que os direitos e deveres estão interligados, e o respeito e cumprimento de ambos contribuem para uma sociedade mais equilibrada. Exercer a cidadania é ter consciência de seus direitos e obrigações e lutar para que sejam colocados em prática. Exercer a cidadania é estar em pleno gozo das disposições constitucionais. Preparar o cidadão para o exercício da cidadania é um dos objetivos da educação de um país.

Clima organizacional: É a qualidade do ambiente que é percebida ou experimentada pelos participantes da empresa e que influencia o seu comportamento. É aquela «atmosfera psicológica» que todos nós percebemos quando entramos num determinado ambiente e que nos faz sentir mais ou menos à vontade para ali permanecer, interagir e realizar. A forma como os colaboradores da empresa percebem o seu ambiente de trabalho.

Comunicação Organizacional: É o tipo ou processo de comunicação que ocorre no contexto de uma organização, seja esta pública ou privada. Fazem parte da Comunicação Organizacional o conhecimento e o estudo dos grupos de interesse de uma instituição (públicos), o planejamento de práticas de comunicação nos âmbitos *interno* (comunicação interna) e *externo* (comunicação externa), aí compreendidos a escolha e os usos de meios empregados, sua aplicação e sua contínua avaliação.

Comunicação Pública: A comunicação pública diz respeito à interação e ao fluxo de informação relacionados a temas de interesse coletivo. O campo da comunicação pública inclui tudo que diga respeito ao aparato estatal, às ações governamentais, partidos políticos, terceiro setor e, em certas circunstâncias, às ações privadas. A existência de recursos públicos ou interesse público caracteriza a necessidade de atendimento às exigências da comunicação pública.

Cultura organizacional: Costumes e tradições que as organizações (públicas, privadas ou do terceiro setor) possuem e que alteram o seu andamento de forma positiva ou negativa, podendo ser alterada ao longo do tempo. A cultura organizacional envolve artefatos (padrões de comportamento), valores compartilhados (crenças) e pressupostos (valores, verdades). Também pode conter componentes visíveis, que são sempre orientados pelos aspectos organizacionais, ou componentes ocultos, que são sempre orientados pela emoção e situações afetivas.

Deliberação: Ação ou efeito de deliberar ou deliberar-se. Argumentação sobre um assunto polêmico; debate. Discussão cujo propósito consiste na resolução de um problema. Ato executado ou resolução tomada após reflexão.

Democracia: É um regime político em que todos os cidadãos elegíveis participam igualmente — diretamente ou através de representantes eleitos — na proposta, no desenvolvimento e na criação de leis, exercendo o poder de governar através do sufrágio universal. Ela abrange as condições sociais, econômicas e culturais que permitem o exercício livre e igual da autodeterminação política.

Democracia deliberativa: Defende que o exercício da cidadania estende-se para além da mera participação no processo eleitoral, exigindo uma participação mais direta dos indivíduos no domínio da esfera pública, em um processo contínuo de discussão e crítica reflexiva das normas e valores sociais. As questões sociais e coletivas deve ser objeto de apreciação de todos, considerando que em uma sociedade democrática, a esfera pública (seja ele física ou virtual) é dominada pelo discurso e pela argumentação.

Empoderamento: Ação coletiva desenvolvida pelos indivíduos quando participam de espaços privilegiados de decisões, de consciência social dos direitos sociais. Essa consciência ultrapassa a tomada de iniciativa individual de conhecimento e superação de uma realidade em que se encontra.

Esfera privada: É o oposto e o complemento da esfera pública. A esfera privada é um setor determinado da vida em sociedade na qual um indivíduo goza de certo grau de autoridade, livre de intervenções governamentais ou de outras instituições. Exemplos da esfera privada são a família e o lar.

Esfera pública: Caracterizada pelo espaço de debate entre os indivíduos que compõem a população; uma esfera que começa a ser criada com o surgimento da imprensa e a aplicação da tipografia, algo proporcionado pela histórica e marcante invenção de Johannes Gutenberg, o que possibilitou um maior acesso às informações por parte do público. Seu fortalecimento ocorre a partir do século XIX, quando o jornal passa a expressar a realidade em sua essência de maneira mais aberta e transparente.

Primeiro Setor: Refere-se ao setor público, ou seja, o Estado/Governo.

Responsabilidade Socioambiental: É a responsabilidade que uma empresa, ou organização tem com a sociedade e com o meio ambiente além das obrigações legais e econômicas.

Segundo Setor: Representado pelo Mercado, que é privado. Também conhecido como setor produtivo.

Stakeholder: É uma pessoa ou um grupo, que legitima as ações de uma organização e que tem um papel direto ou indireto na gestão e resultados dessa mesma organização. É formado pelos funcionários da empresa, gestores, gerentes, proprietários, fornecedores, concorrentes, ONGs, clientes, o Estado, credores, sindicatos e diversas outras pessoas ou empresas que estejam relacionadas com uma determinada ação ou projeto.

Sustentabilidade: Pode ser definida como a capacidade do ser humano interagir com o mundo, preservando o meio ambiente para não comprometer os recursos naturais das gerações futuras. O Conceito de Sustentabilidade é complexo, pois atende a um conjunto de variáveis interdependentes, mas podemos dizer que deve ter a capacidade de integrar as Questões Sociais, Energéticas, Econômicas e Ambientais.

Terceiro Setor: Iniciativas privadas de utilidade pública com origem na sociedade civil. É o conjunto de entidades da sociedade civil com fins públicos e não-lucrativos, conservados pela ênfase na participação voluntária em âmbito não-governamental.

REFERÊNCIAS BIBLIOGRÁFICAS

APPOLINÁRIO, F. Dicionário de Metodologia Científica: um guia para a produção do conhecimento científico. São Paulo, Atlas, 2009.

BARDIN, L. Análise de conteúdo. Lisboa, Edições 70, 1979.

BRANDÃO, E. P. Conceito de Comunicação Pública. In: DUARTE, J. (org.) Comunicação Pública: Estado, Mercado, Sociedade e Interesse Público. São Paulo, Atlas, 2007.

CAPPELLE, M.C. A.; MELO, M. C. de O. L.; GONÇALVES, C. A. Análise de Conteúdo e Análise de Discurso nas Ciências Sociais. Revista da UFLA – Organizações Rurais & Agroindustriais. V. 5, n. 1, 2003.

CORELLA, M. A. R. La Comunicación en las organizaciones privadas y públicas. In: Organicom - Revista Brasileira de Comunicação Organizacional e Relações Públicas. Ano 3, número 4, 1º. Semestre de 2006.

DEUSDARÁ, B.; ROCHA, D. Análise de Conteúdo e Análise de Discurso: aproximações e afastamentos na (re)construção de uma trajetória. ALEA, v. 7, número 2, julho – dezembro 2005, p. 305 – 322.

DUARTE, J. (org.). Comunicação Pública. Estado, Mercado, Sociedade e Interesse Público. Atlas, São Paulo, 2007.

ESTEVES , J. P. "Espaço Público político" (cap. 1) em Espaço público e democracia: comunicação, processo de sentido e identidade social. São Leopoldo, Unisinos, 2003.

FEIGELMAN, D. B. Valores compartilhados: o desafio de levar a teoria à prática. In: Organicom – Revista Brasileira de Comunicação Organizacional e Relações Públicas. Ano 5, número 8, 1º.semestre 2008.

FREITAS, H. M. R.; CUNHA JR., M. V. M.; MOSCAROLA, J. Aplicação de sistemas de software para auxílio na análise de conteúdo. Revista de Administração da USP, 32(3), 97-109.

GOMES, W.; MAIA, R. C. M. Comunicação e Democracia. Problemas e perspectivas. São Paulo, Paulus, 2008.

_____. Esfera pública política e comunicação em mudança estrutural da esfera pública de Jurgen Habermas .In: GOMES, W.; MAIA, R. C. M. Comunicação e Democracia. Problemas e perspectivas. São Paulo, Paulus, 2008.

GUGLIANO, A. A. Democracia, participação e deliberação: Contribuições ao debate sobre possíveis transformações na esfera democrática. Porto Alegre, Civitas, no. 2, Jul-Dez, 2004.

Guia Exame de Sustentabilidade. Editora Abril, São Paulo, 2010.

Guia Exame de Sustentabilidade. Editora Abril, São Paulo, 2011.

Guia Exame de Sustentabilidade. Editora Abril, São Paulo, 2012.

Guia Exame de Sustentabilidade. Editora Abril, São Paulo, 2013.

HABERMAS, J. Direito e Democracia.: entre facticidade e validade. Rio de Janeiro, Tempo Brasileiro, vol.II, 1997.

HASWANI, M. F. Comunicação pública 360 graus e a garantia de direitos. In: KUNSCH. M. M. K. Comunicação Pública, Sociedade e Cidadania. 1ª. Ed., São Caetano do Sul, SP, Difusão Editora, 2011.

_____. O jornalismo disseminador de informações de serviços públicos governamentais no Brasil: colaboração ou desvio? In: CONGRESS

OF THE LATIN AMERICAN STUDIES ASSOCIATION, Rio de Janiro, junho de 2009. Disponível em http://lasa.international.pitt.edu/members/congress-papers/lasa2009/files/WaswaniMariangela.pdf. Acesso em fev.2014.

KIM, J., WYATT, R. O.; KATZ, E. Notícia, Conversação, Opinião e Participação: o papel da conversação na democracia deliberativa. Tradução Carolina Khodr, Juliana Pronunciati e Priscila Souza (2008).

KRIPPENDORFF, K. Metodologia de análisis de contenido. Barcelona, Paidós, 1990.

KUNSCH, M. M. K. (org.). Comunicação Organizacional: histórico, fundamentos e processos. Vol. I. São Paulo, Saraiva, 2009.

_____ (org.). Comunicação Pública, Sociedade e Cidadania. São Caetano do Sul, Difusão Editora, 2011.

LIMA, M. E. A. T. Análise do discurso e/ou análise de conteúdo. Psicologia em Revista, Belo Horizonte, v. 9, n.13, p 77, jun. 2003.

LÓPEZ, J. C. J. *Advocacy*: uma estratégia de comunicação pública. In: KUNSCH, M. M. K. Comunicação Pública, Sociedade e Cidadania. 1ª. ed. São Caetano do Sul, SP, Difusão Editora, 2011.

MAIA, R. Visibilidade midiática e deliberação pública. In: GOMES, W.; MAIA, R. C. M. Comunicação e Democracia. Problemas e perspectivas. São Paulo, Paulus, 2008.

MANSBRIDGE, J. A conversação cotidiana no sistema deliberativo. In: MARQUES, A. C. S. (organização e tradução). A deliberação pública e suas dimensões sociais políticas e comunicativas: textos fundamentais, Belo Horizonte: Autêntica Editora, 2009.

MARQUES, A. C. S. (organização e tradução). A deliberação pública e suas dimensões sociais políticas e comunicativas: textos fundamentais, Belo Horizonte: Autêntica Editora, 2009.

MARQUES, Angela C. S. "Os meios de comunicação na esfera pública: novas perspectivas para as articulações entre diferentes arenas e atores. Em Revista Líbero, Ano XI n. 21, junho de 2008.

MATOS, H. A comunicação pública na perspectiva da teoria do reconhecimento. In: KUNSCH. M. M. K. Comunicação Pública, Sociedade e Cidadania. 1ª. Ed., São Caetano do Sul, SP, Difusão Editora, 2011.

_____. Capital Social e Comunicação: interfaces e articulações, São Paulo: Summus editorial, 2009.

_____.Comunicação pública, esfera pública e capital social. In: DUARTE, J. (org) Comunicação Pública. Estado, mercado, sociedade e interesse público. São Paulo, Atlas, 2007, 2aEd.

MINAYO, M. C. de S. O desafio do conhecimento: pesquisa qualitativa em saúde. 7ª. Ed. São Paulo, Hucitec, 2000.

OLIVEIRA, M. J. C. Comunicação Organizacional e Comunicação Pública. In: MATOS, H. (org.) Comunicação Pública: Interlocuções, interlocutores e Perspectivas. São Pulo, ECA/USP, 2013.

_____.De públicos para cidadãos: reflexão sobre relacionamentos estratégicos. In: FARIAS, L. A. (org.) Relações Públicas: Técnicas, conceitos e instrumentos. São Paulo, Summus, 2011.

Organicom – Revista Brasileira de Comunicação Organizacional e Relações Públicas. Ano 5, número 8, 1º.semestre 2008.

Organicom - Revista Brasileira de Comunicação Organizacional e Relações Públicas. Ano 3, número 4, 1°. Semestre de 2006.

PUTNAM, R. D. Comunidade e Democracia: a experiência da Itália moderna. Rio de Janeiro, Fundação Getuúlio Vargas, 1997.

REIS, B. P. W. Capital Social e Confiança: Questões de teoria e método. Revista Sociologia Política, 21, p. 35-49, nov. 2003.

ROLANDO, S. A dinâmica evolutiva da comunicação pública. In: In: KUNSCH. M. M. K. Comunicação Pública, Sociedade e Cidadania. 1ª. Ed., São Caetano do Sul, SP, Difusão Editora, 2011.

ROSSO, G. e SILVESTRIN, C. B. Comunicação Pública como prática de responsabilidade social das organizações públicas – Organicom – Ano 10 – número 18, 2013.

SANTOS, B. de S. e AVRITZER, L. Para ampliar o cânone democrático. In: SANTOS, B. de S. (Org.). Democratizar a Democracia. Os caminhos da democracia participativa. Rio de Janeiro, Civilização Brasileira, 2002.

SENNETT, R. Respeito: A formação do caráter em um mundo desigual. Rio de Janeiro, Record, 2004.

STEINER, J. The Foundations of Deliberative Democracy Empirical Research and Normative Implications. Cambridge, 20.

STOLLE, D; ROCHON, T. R. Are All Associations A like? Member Diversity, Associational Type, and the Creation of Social Capital. In: EDWARDS, B., FOLEY, M. W.; DIANI, M (eds.). Beyond Tocqueville: Civil Society and the Social Capital Debate in Comparative Perspective. Hanover, NH: University Press of New England, 2001.

STRELOW, A. Reflexões sobre método de pesquisa em jornalismo e uma proposta oriunda do campo. Capítulo 9 in BRAGA, J. L.; LOPES, M. I. V.; MARTINO, L. C. Pesquisa Empírica em Comunicação. São Paulo, Paulus, 2010. (Coleção Comunicação) Livro Compôs.

VALE, G. M. V.; AMÂNCIO, R.; LAURIA, M. C. P. Capital Social e suas Implicações para o Estudo das Organizações. O&S, v. 13, no. 36, Janeiro/ Março, 2006.

http://exame.abril.com.br/noticia/itau-unibanco-e-a-empresa-sustentavel-de-2013/imprimir

APÊNDICE A - LEVANTAMENTO DOS
CASES PREMIADOS PELO GUIA EXAME DE
SUSTENTABILIDADE E PRÊMIO ABERJE, EDIÇÕES
2010, 2011, 2012 E 2013

EMPRESA	ANO	RANKING	STATUS	CASE	PROJETO	SETOR	PREMIAÇÕES ANTERIORES	AGÊNCIA
ALCOA	2010	GUIA EXAME	EMPRESA SUSTENTÁVEL DO ANO	JURUTI	Transformar Juruti em referência para o setor de mineração	Siderurgia e metalurgia	2001,2002	
AMANCO	2010	GUIA EXAME	EMPRESA-MODELO	FÓRMULA VERDE	Investimento em tecnologia alternativa na reformulação de productos	Indústria da construção	2007,2008, 2009	
ANGLO AMERICAN	2010	GUIA EXAME	EMPRESA-MODELO	FÓRMULA COMUNITÁRIO INTERCÂMBIO	Participação da comunidade nas discussões das propostas de investimentos sociais.	Mineração	2008, 2009	

EMPRESA	ANO	RANKING	STATUS	CASE	PROJETO	SETOR	PREMIAÇÕES ANTERIORES	AGÊNCIA
BRADES-CO	2010	GUIA EX-AME	EMPRE-SA-MOD-ELO	SEGURO RESIDEN-CIAL POPU-LAR	Seguro popular de baixo custo, lançado inicial-mente no Morro Dona Marta (RJ) com o plano de estender a experiência para todo o país.	Finanças	2008, 2009	
BRASKEM	2010	GUIA EX-AME	EMPRE-SA-MOD-ELO	AMADURE-CER PARA SER VERDE	Investimento em pesqui-sa na produção com matérias-primas ren-ováveis e o lançamento de uma pioneira fábrica de "plástico verde"	Química e petroquimi-ca	2007	
BUNGE	2010	GUIA EX-AME	EMPRE-SA-MOD-ELO	PACOTE SUS-TENTÁVEL	Investimento em embalangens faitas de material orgânico e biodegradável.	Bens de Consumo.	2009	
CPFL	2010	GUIA EX-AME	EMPRE-SA-MOD-ELO	BAGAÇO E VENTO PARA O FUTURO	Investimentos em termelétricas movidas a biomassa de cana-de-açúcar e em parques eólicos.	Energia	2002,2003,2004, 2006, 2007, 2008, 2009	
EDP	2010	GUIA EX-AME	EMPRE-SA-MOD-ELO	QUE VENHA O CARRO ELÉTRICO	Aperfeiçoamento tec-nológico e inaguração de postos de abastecimien-to de energia.	Energia	2008 , 2009	

EMPRESA	ANO	RANKING	STATUS	CASE	PROJETO	SETOR	PREMIAÇÕES ANTERIORES	AGÊNCIA
FIBRIA	2010	GUIA EXAME	EMPRESA-MODELO	DE BEM COM A VIZINHANÇA	Projetos de geração de renda para melhorar o relacionamento com as de comunidades dos 252 municípios onde possui fábricas e plantações.	Pepel e celulose	2009	
HSBC	2010	GUIA EXAME	EMPRESA-MODELO	O NEGÓCIO DA INFORMAÇÃO	Programa de treinamento para funcionários formando líderes ambientais e aproveitando as oportunidades ligadas às mudaças climáticas.	Finanças		
ITAÚ BANCO	2010	GUIA EXAME	EMPRESA-MODELO	O PODER DA COLABORAÇÃO	Estímulo aos funcionários para participação na criação coletiva de inciativas sustentáveis.	Finanças	2004, 2007, 2008, 2009	
MASISA	2010	GUIA EXAME	EMPRESA-MODELO	MAIS COM MENOS	Funcionários apresentam sugestões para reduzir os isumos de processo de produção; a economia volta na dorma de participação nos resulltados.	Indústria da construção	2008, 2009	
NATURA	2010	GUIA EXAME	EMPRESA-MODELO	PARCERIA COM COMUNIDADES	Aprimoramento do relacionamento com fornecedores em todo o país para garantia de manutenção da biodiversidade.	Bens de Consumo.	2000, 2001, 2002, 2003, 2005, 2007, 2008, 2009	

EMPRESA	ANO	RANKING	STATUS	CASE	PROJETO	SETOR	PREMIAÇÕES ANTERIORES	AGÊNCIA
PHILIPS	2010	GUIA EXAME	EMPRESA-MODELO	JOGANDO LUZ SOBRE O PROBLEMA	Investimento na eficência energética da linha de productos para geração de economia de consumo.	Electro-eletrônico.	2003, 2005, 2007, 2008, 2009	
PROMON	2010	GUIA EXAME	EMPRESA-MODELO	NEGÓCIOS NA PONTA DO LÁPIS	Sustentômetro - um indicador para medir o impacto sociambiental de seus projectos.	Serviços	2006, 2007, 2008, 2009	
SATANDER	2010	GUIA EXAME	EMPRESA-MODELO	COMO ESPALHAR A RECEITA	Compartilhar a experiência de boas práticas de sustentabilidade junto aos clientes, encurtando o caminho para inserção aos respectivos negócios.	Finanças		

EMPRESA	ANO	RANKING	STATUS	CASE	PROJETO	SETOR	PREMIAÇÕES ANTERIORES	AGÊNCIA
SUZANO	2010	GUIA EXAME	EMPRESA-MODELO	UM PASSO À FRENTE	Calcular o impacto total de suas emissões, desde os fornecedores até a porta do cliente.	Pepel e celulose	2004, 2005, 2006, 2007, 2008, 2009	
UNILEVER	2010	GUIA EXAME	EMPRESA-MODELO	MEXENDO NA TRADIÇÃO	Alteração da composição de um dos principais produtos de linha, eliminando de sua fórmula uma substância nociva ao meio ambiente; e o lançamento da versão líquida desse mesmo produto.	Bens de Consumo.	2004, 2005, 2007	

EMPRESA	ANO	RANKING	STATUS	CASE	PROJETO	SETOR	PREMIAÇÕES ANTERIORES	AGÊNCIA
WALMART	2010	GUIA EXAME	EMPRESA-MODELO	A FORÇA DO VAREJO	Estímulo aos principais fornecedores a repensar seus processos de produção, aliando redução, aliando redução de custos à práticas sustentáveis.	Varejo	2008, 2009	
WHIRPOOL	2010	GUIA EXAME	EMPRESA-MODELO	TECNOLOGIA RESPONSÁVEL	Inovação na produção evitando materiais tóxicos, obtendo ganhos e economia de recursos que também beneficia os consumidores.	Electro-eletrônico.		
UNILEVER	2011	GUIA EXAME	EMPRESA SUSTENTÁVEL DO ANO	A ESCALA FAZ A DIFERENÇA	Considerar a sustentabilidade como parte de seu negócio, influenciando 2 bilhões de pessoas em 182 países a comprar, usar e descartar produtos de forma racional.	Bens de Consumo.	2004, 2005, 2007, 2010	
ALCOA	2011	GUIA EXAME	EMPRESA-MODELO	O DIÁLOGO LEVADO A SÉRIO	Traçar seu plano de sustentabilidade depois de ouvir a comunidade de Juruti no Pará, tornando-se uma rferencia na area de mineração	Siderurgia e metalurgia	2001, 2002, 2010	

EMPRESA	ANO	RANKING	STATUS	CASE	PROJETO	SETOR	PREMIAÇÕES ANTERIORES	AGÊNCIA
ANGLO AMERICAN	2011	GUIA EXAME	EMPRESA-MODELO	A PRESERVAÇÃO DAS RAÍZES	Mapemento da fauna e flora do cerrado goiano, transformando sas descobertas em material didático e compartilhando o conhecimento com a comunidade local.	Mineração	2008, 2009, 2010	
APERAM	2011	GUIA EXAME	EMPRESA-MODELO	AÇO MAIS VERDE E MAIS RENTÁVEL	Troca do carvão mineral pelo vegetal, reduzindo o custo de produção de aço e deixando de emitir 700.000 toneladas de dióxido de carbono por ano.	Siderurgia e metalurgia	2003, 2004, 2007	
ERASKEM	2011	GUIA EXAME	EMPRESA-MODELO	A REVOLUÇÃO DO PLÁSTICO VERDE	Inauguração de uma fábrica de polietileno verde no Rio Grande do Sul e um novo projeto na área de plástico renováveis	Química e Petroquímica	2007, 2010	
BUNGE	2011	GUIA EXAME	EMPRESA-MODELO	O FIM DOS BOIAS-FRIAS	Melhora das condições de trabalho dos cortadores de cana, exigindo de seus fornecedores a mesma atitude.	Agronegócio	2009,2010	

EMPRESA	ANO	RANKING	STATUS	CASE	PROJETO	SETOR	PREMIAÇÕES ANTERIORES	AGÊNCIA
DOW	2011	GUIA EXAME	EMPRESA-MODELO	SACO VAZIO PARA EM PÉ	Desenvolvimento de nova embalagem de plástico que facilita a reciclagem e permite reduzir os gastos de transporte	Química e Petroquímica	2002	
EDP	2011	GUIA EXAME	EMPRESA-MODELO	REDE ELÉTRICA INTELIGENTE	Desenvolvimento de medidor eltrônico que vai permitir o monitiramento de gastos de energia em tempo real. Projeto incial começa em 15 mil residências do interior do SP	Energia	2008,2009,2010	
ELEKTRO	2011	GUIA EXAME	EMPRESA-MODELO	TROCA DE POSTES EM 15 MINUTOS	Investimentos em tecnología de ponta e numa equipe própria de electicistas, para aumentar a eficência no atendimento aos consumidores	Energia	2005, 2006, 2007, 2008	
EMBRACO	2011	GUIA EXAME	EMPRESA-MODELO	MAIS REFRIGERAÇÃO, MENOS GASTOS	Investimentos contínuos e pesquisa para redução do consumo de energia de seu pincipal produto.	Eletroelectrônico	2006	

EMPRESA	ANO	RANKING	STATUS	CASE	PROJETO	SETOR	PREMIAÇÕES ANTERIORES	AGÊNCIA
FIBRIA	2011	GUIA EXAME	EMPRESA-MODELO	O COMBATE AO DESERTO VERDE	Estímulo á produção de alimentos, de mel e mandioca, em suas áreas de florestas.	Papel e celulose	2009,2010	
FLEURY	2011	GUIA EXAME	EMPRESA-MODELO	AQUISIÇÕES SUSTENTÁVEIS	Unificação de suas marcas para as classes B e C em uma nova rede, comprometida com práticas sustentáveis.	Serviços		
ITAÚ BANCO	2011	GUIA EXAME	EMPRESA-MODELO	CHEGA DE EMPURRAR SEGUROS	Mudança na forma de vender os produtos, sendo mais transparente com os clientes, buscando incorporar a sustentabilidade na essência do negócio	Finanças	2004, 2007, 2008, 2009, 2010	
KIMBERLY-CLARK	2011	GUIA EXAME	EMPRESA-MODELO	CRITÉROP SUSTENTÁVEL	Avaliação do impacto ambiental na escolha da licalição da quinta fábrica no Brasil.	Bens de Consumo		
MASISA	2011	GUIA EXAME	EMPRESA-MODELO	CAMPEÃO EM ENERGIA LIMPA	Atingir 100% de uso de energia renovável na linha de produção de suas duas fábricas de painéis de madeira no Brasil	Industria da construção	2008, 2009, 2010	

EMPRESA	ANO	RANKING	STATUS	CASE	PROJETO	SETOR	PREMIAÇÕES ANTERIORES	AGÊNCIA
AMANCO	2011	GUIA EXAME	EMPRESA-MODELO	CONTRA O APAGÃO DE MÃO DE OBRA	Investimentos na capacitação dos profissionais que lidam com seus produtos nas obras, reforçando a marca e contribução para aumentar a renda dos trabalhadores.	Industria da construção	2007, 2008, 2009, 2010	
NATURA	2011	GUIA EXAME	EMPRESA-MODELO	A OBSESSÃO DE FAZER MAIS	Adoção de embalagem 1005 reciclável, reduzindo a emissão de gases de efeito estufa e a geração de resíduos nas produção de cosméticos da linha Ekos.	Bens de Consumo	2000, 2001, 2002, 2003, 2004, 2005, 2007, 2008, 2009, 2010	
PHILIPS	2011	GUIA EXAME	EMPRESA-MODELO	COM A MÃO NO LIXO	Incentivo aos consumidores a devolver equipamentos antigos para reciclagem	Industria da construção	2003, 2005, 2007, 2008, 2009, 2010	
PROMON	2011	GUIA EXAME	EMPRESA-MODELO	A APOSTA VERDE	Compra de participação em 3 empresas de área ambiental, preparado-se para a era dos projetos de infraestutura sustentáveis	Eletroeletrônico	2006, 2007, 2008, 2009, 2010	
SUZANO	2011	GUIA EXAME	EMPRESA-MODELO	UM CONSELHO, POR FAVOR	Aprimorar a estratégia de sustentabilidade, formando um grupo de conselheiros independentes externos	Papel e celulose	2004, 2005, 2006, 2007, 2008, 2009,2010	

EMPRESA	ANO	RANKING	STATUS	CASE	PROJETO	SETOR	PREMIAÇÕES ANTERIORES	AGÊNCIA
SABIN	2011	GUIA EX-AME	EMPRE-SA-MOD-ELO	A FAMÍLIA ESTÁ CRE-SCENDO	Expandir a rede de laboratórios sem perder a qualidade de gestão de recursos humanos, uma das marcas da empresa nos últimos anos.	Serviços		
ANGLO AMERICAN	2012	GUIA EX-AME	EMPRESA SUSTE-NTÁVEL DO ANO	POLÍTICA DO BOA VIZ-INHANÇA	Estabelecer um diálogo com a comunidade nas regiões que atua, reduzinho o impacto ambiental na estratégia de expansão no país.	Mineração	2.008.200.920. 102.010	
AES	2012	GUIA EX-AME	EMPRE-SA-MOD-ELO	FOCO NA SE-GURANÇA	Investimento em campanha de esclarenci-mento do consumidos, reduzindo à metade os acidentes fatais com energia elétrica.	Energia	2008, 2009	
ALCOA	2012	GUIA EX-AME	EMPRE-SA-MOD-ELO	POR UM AR MAIS LIMPO	Subtituição do óleo combustível pelo gás natural, redizindo a emissão de gases.	Siderurgia e metalurgia	2001,2002, 2010, 2011	

EMPRESA	ANO	RANKING	STATUS	CASE	PROJETO	SETOR	PREMIAÇÕES ANTERIORES	AGÊNCIA
BRASKEM	2012	GUIA EXAME	EMPRESA-MODELO	AVANÇO CONSISTENTE	No decorrer de 10 anos de história, a empresa melhorou em oito dos nove principais indicadores ambientais, o objetivo atual é reduzir o consumo de água.	Química e Petroquímica	2007, 2010,2011	
BUNGE	2012	GUIA EXAME	EMPRESA-MODELO	A ENERGIA DO CAMPO	Diminução das emissões de gases de efeito estufa, aumentand a produção de energia renovável e investindo na capacitação dos fornecedores agrícolas.	Agronegócio	2009, 2010, 2011	
CPFL	2012	GUIA EXAME	EMPRESA-MODELO	ÁGUA, VENTO, SOL...	Investimento na diversificaçãos das fontes de energia, principal aposta está na expansão do parque aólico.	Energia	2002, 2003, 2004, 2007, 2008, 2009, 2010	
DOW	2012	GUIA EXAME	EMPRESA-MODELO	IDÉIAS QUE VINGAM	Parcerias com outras empresasa e instituições, buscando soluções sustentáveis para poupar recursos naturais e gerar novos negócios.	Química e Petroquímica	2002, 2011	
ECORODOVIAS	2012	GUIA EXAME	EMPRESA-MODELO	ASFALTO ECOLÓGICO	Aproveitamento de pneus velhos para melhorar a qualidades das estradas que estão sob sua consessão.	Serviços		

114

EMPRESA	ANO	RANKING	STATUS	CASE	PROJETO	SETOR	PREMIAÇÕES ANTERIORES	AGÊNCIA
ELEKTRO	2012	GUIA EXAME	EMPRESA-MODELO	DA TERRA PARA O AR	Adoção da inspeção aérea para detectar falhas na rede, aumentando a produtividade e gerando ganhos ambientais.	Energia	2005, 2006, 2007, 2008, 2011	
EMBRACO	2012	GUIA EXAME	EMPRESA-MODELO	LUCROS COMPARTIL-HADOS	Análise dos processos de produção de seus fornecedores, propondo melhorias e dividindo os ganhos financeiros das inovações.	Electro-eletrônico.	2006, 2011	
FIBRIA	2012	GUIA EXAME	EMPRESA-MODELO	FAZENDO MAIS COM MENOS	Avanço nas áreas ambiental e social a pesar do mau desempenho econômico, resultado da queda das exportações de celulose.	Pepel e celulose	2009, 2010, 2011	
FLEURY	2012	GUIA EXAME	EMPRESA-MODELO	FALANDO A MESMA LÍNGUA	Com forte expansão por meio da aquisição e incoporação de outras empresas, o grupo enfreta o desafio de disseminar e harmonizar as boas práticas.	Serviços	2011	

EMPRESA	ANO	RANKING	STATUS	CASE	PROJETO	SETOR	PREMIAÇÕES ANTERIORES	AGÊNCIA
ITAÚ BANCO	2012	GUIA EXAME	EMPRESA-MODELO	PARA FICAR NO AZUL	Ampliação das ações de educação financeira e aposta nas mídias sociais para ajudar os clientes a tomar decisões conscientes sobre crédito e investimento.	Finanças	2004, 2007, 2008, 2009, 2010, 2011	
KIMBERLY-CLARK	2012	GUIA EXAME	EMPRESA-MODELO	EMBALANGENS VERDES	Utilização do plástico renovável para acondicional a linga de papel higiênico e persefue a meta de ter 60% de productos com características sustentáveis.	Bens de Consumo	2011	
MASISA	2012	GUIA EXAME	EMPRESA-MODELO	FAÇAM O QUE EU FAÇO	Redução do uso de uma subtância tóxica na fabricação de painéis de madeira, recebendo certificação verde e espera ser seguida pela concorrência	Indústria da construção	2008,2009, 2010, 2011	
NATURA	2012	GUIA EXAME	EMPRESA-MODELO	DOIS PÉS NA AMAZÔNIA	Criação de um centro de inovação em Menaus e buscando estreitar seu relacionamento com as comunidades de fornecedores.	Bens de Consumo	2000, 2001, 2002, 2003, 2004, 2005, 2007, 2008, 2009, 2010, 2011	

EMPRESA	ANO	RANKING	STATUS	CASE	PROJETO	SETOR	PREMIAÇÕES ANTERIORES	AGÊNCIA
O BOTICÁRIO	2012	GUIA EXAME	EMPRESA-MODELO	MULTIPLICAÇÃO DO BEM	Estímulo aos fornecedores, franqueados e consumidores a se engajar em iniciativas de sustentabilidade.	Serviços		
PROMON	2012	GUIA EXAME	EMPRESA-MODELO	QUESTÃO DE PRINCÍPIO	Recusa de clientes que não se alinhavam com suas práticas ambientais.	Indústria da construção	2006, 2007, 2008, 2009, 2010, 2011	
UNILEVER	2012	GUIA EXAME	EMPRESA-MODELO	SAÚDE NAS GÔNDOLAS	Diminução drástica de prença de sódio, açúcar, gordura trans e outros ingredientes nocivos em seus productos alimentícios.	Bens de Consumo	2004, 2005, 2007, 2010, 2011	
WHIRPOOL	2012	GUIA EXAME	EMPRESA-MODELO	ECONOMIA DOMÉSTICA	Além da diminução do uso de água e nergia nas fábricas o desafio é criar eletrodomésticos que beneficim também o bolso do consumidor	Electro-eletrônico	2010	
SABIN	2012	GUIA EXAME	EMPRESA-MODELO	É TUDO PELO SOCIAL	Adoção de políticas voltadas para o bem-estar dos funcioários que são mais comuns em grandes companhias, faturando alto com isso.	Serviços	2011	

EMPRESA	ANO	RANKING	STATUS	CASE	PROJETO	SETOR	PREMIAÇÕES ANTERIORES	AGÊNCIA
ITAÚ BANCO	2013	GUIA EXAME	EMPRESA SUSTENTÁVEL DO ANO		Os analistas do Itaú vasculham os relatórios das empresas para saber quais trazem menos riscos ambientais e trabalhistas para os investidores	Instituições financeiras		
BUNGE	2013	GUIA EXAME	EMPRESA-MODELO		Abriu sua primeira usina de biodiesel, no município de Nova Mutum, em Mato Grosso numa laternativa de energia limpa, gera renda para cerca de 10.000 pequenos agricultores	Agronegócio		
TETRA PAK	2013	GUIA EXAME	EMPRESA-MODELO		A empresa reciclou 31% das embalagens que produziou (cerca de 70.000 toneladas de material(Na área social, a empresa investe na capacitação de cooperativas de reciclagem.	Bens de capital		

EMPRESA	ANO	RANKING	STATUS	CASE	PROJETO	SETOR	PREMIAÇÕES ANTERIORES	AGÊNCIA
NATURA	2013	GUIA EXAME	EMPRESA-MODELO		Planeja inaugurar no Pará, em 2014, um complexo industrial onde o resíduo de uma empresa pode virar matéria-prima para a outra. Se a Natura só precisa do óleo de uma determinada fruta, por exemplo, a polpa pode ser utilizada por outra empresa.	Bens de consumo		
EVEN	2013	GUIA EXAME	EMPRESA-MODELO		Além de seguir padrões da contrução sustentável, leva para dentro do apartamento soluções que reduzem o consumo de água e energia	Construção Civil		
PROMON	2013	GUIA EXAME	EMPRESA-MODELO		Implementou um sistema de tratamento dos efluentes em obra no comprezo petroquímico de Petrobras. Por ano, a iniciativa gera uma economia de 30 milhões de litros de água, fruto do reuso de 78% do efluente enviado para tratamento.	Consultoria		

EMPRESA	ANO	RANKING	STATUS	CASE	PROJETO	SETOR	PREMIAÇÕES ANTERIORES	AGÊNCIA
WHIRPOOL	2013	GUIA EXAME	EMPRESA-MODELO		A unidade de Santa Catarina, a maior em produção de refrigeradores no mundo, está bem próxima de completar a meta alcaçada pelas fábricas do Amazonas e de São Paulo. Em vez de parar no lixo, o material é transformado em produtos como telhas e esquadrias.	Eletrônicos		
ELEKTRO	2013	GUIA EXAME	EMPRESA-MODELO		Criou uma escola que oferece cursos gratuitos para formar instaladores e técnicos de distribuição. Criado em 2008, o programa já formou 400 profissionais, sendo que 350 formam contratados pela empresa. Na área ambiental, a distribuidora se esforça para reduzir suas emissões de gases, efeito estufa, por hora, está testando um guindaste movido a eletricidade, no lugar dos tradicionais a óleo diesel	Energia		

EMPRESA	ANO	RANKING	STATUS	CASE	PROJETO	SETOR	PREMIAÇÕES ANTERIORES	AGÊNCIA
EUROFAR-MA	2013	GUIA EX-AME	EMPRE-SA-MOD-ELO		Fez uma parceria com a rede de drogarias do Grupo Pão de Açucar, onde instalou urnas para coleta de embalagens de medicamentos.	Farmacêu-ticos		
CCR	2013	GUIA EX-AME	EMPRE-SA-MOD-ELO		A Via Dutra, pode se tornar um modelo de estrada sustentável para o país. Pelo menos é isso o que almeja a concessionária CCR, que administra a rodovia. A empresa traçou um plano de 7 frentes de trabalho: Segurança Viária, Educacãom Resíduos, Mobilidade, Saúde e Segurança Alimentar, Infraestrutura Verde e Empreendedo-rismo local	Infraestru-tura		

EMPRESA	ANO	RANKING	STATUS	CASE	PROJETO	SETOR	PREMIAÇÕES ANTERIORES	AGÊNCIA
BRASKEM	2013	GUIA EXAME	EMPRESA-MODELO		Depois do sucesso do plástico de polietileno verde, feito a partir de cana de açucar, a empresa desenvolveu uma matéria prima que reduz o impacto da indústria de sapatos. O material dispensa uma etapa de produção de calçados que envolve irradação com luz ultravioleta, eliminando assim a emissão de gases como o ozônio.	Química		
DURATEX	2013	GUIA EXAME	EMPRESA-MODELO		Há pouco mais de um ano, o invéntario de emissóes da empresa trouxe um dado preocupate: um aumento de 17% nas emissóes de gases efeito estufa. Parte da solução veio da substição de óleo diesesl pelas paras de eucalipto que não servem para a produção de placas de madeiras.	Material de contrução		Lápis Raro

EMPRESA	ANO	RANKING	STATUS	CASE	PROJETO	SETOR	PREMIAÇÕES ANTERIORES	AGÊNCIA
VOTO-RANTIM METAIS	2013	GUIA EX-AME	EMPRE-SA-MOD-ELO		Buscando combater o desperdício, a Votaran-tim Metais desenvolve projetos de redução e reaproveitamento das sobras dos processos industriais. E a inves-tida gera lucro para a empresa. Na unidade de Niquelândia, em Goiás, em resíduo intermediário do cobre foi transformado em insumo de fertilizantes, cuja venda rendeu 23 milhões de Reais. Já a unidade de Paracatu, em Minas Gerais, converte pó calcário em um pro-duto corretivo de acidez de solo agrícola.	Mineração		

EMPRESA	ANO	RANKING	STATUS	CASE	PROJETO	SETOR	PREMIAÇÕES ANTERIORES	AGÊNCIA
FIERIA	2013	GUIA EXAME	EMPRESA-MODELO		Para reduzir conflitos com as comunidades, a empresa investe pesado no pilar social da sustentabilidade. Em 2012, foram 27 milhões de reais em projetos de geração de renda, que contribuiu para a melhioria da perspectiva de vida e também para a redução de furtos do conhecimento de seus profissionais.	Papel e celulose		Cajá- Agência de comunicação
LAB FLUERY	2013	GUIA EXAME	EMPRESA-MODELO		A ideia é que a consciência verde se multiplique por todo o setor, segundo a empresa, a través da doação do tempo e do conhecimento de seus profissionais.	Serviços e Saúde		

EMPRESA	ANO	RANKING	STATUS	CASE	PROJETO	SETOR	PREMIAÇÕES ANTERIORES	AGÊNCIA
ALCOA	2013	GUIA EXAME	EMPRESA-MODELO		Através de um processo chamado de refusão, o material reciclado pode ser reutilizado na fabricação de mais alumínio ou usado na construção civil, sob a forma de tijolos e pavimento para ruas. Outro desafio de Alcoa é tornar seu consumo de energia mais eficiente. Com ações focadas, a empresa reduziu em 6,5% consumo de energia, em 2012, atingindo uma economia de 39 milhões de reais.	Siderugia		Rede comunicação de resultados
ALGAR TELECOM	2013	GUIA EXAME	EMPRESA-MODELO		Desde 2011, através do programa Boi na Linha, a empressa recicla a cobertura dos telefones públicos (que tem fibra de vidro na composição) em produtos para a agropecuária, como recipientes de água e ração para o gado.	Telecomunicações		

EMPRESA	ANO	RANKING	STATUS	CASE	PROJETO	SETOR	PREMIAÇÕES ANTERIORES	AGÊNCIA
ECOFRO-TAS	2013	GUIA EX-AME	EMPRE-SA-MOD-ELO		A empresa gaúcha especializada em gestão sustentáel de frotas consegue mostras para seus clientes, na ponta do lápism os benefícios de usar um combustive menos poluente *ainda quye custe um pouco mais), de fazer ma-nutenção preventiva de conscientizar os cond-tores para uma direção eficiente.	Transportes		

EMPRESA	ANO	RANKING	STATUS	CASE	PROJETO	SETOR	PREMIAÇÕES ANTERIORES	AGÊNCIA
WALMART	2013	GUIA EXAME	EMPRESA-MODELO		O Walmart está empenhado em limpar sua cadeia de fornecedores de carne bovina. De um lado, a empresa garante mais segurança ao consumidor sobre a origem do produto através de um sistema de monitoramento por satélite, que permite visualizar se as fazendas estão desmatando e se ocupam terras indígenas ou embargadas. Don outro lado, apoia os pecuaristas de Amazônia para produção de gado de um modo mais sustentável.	Varejo		

EMPRESA	ANO	RANKING	STATUS	CASE	PROJETO	SETOR	PREMIAÇÕES ANTERIORES	AGÊNCIA
SABIN	2013	GUIA EX-AME	EMPRE-SA-MOD-ELO		A empresa dá apoio labortorial para projetos internos e de universi-dades e pesquisadores independentes, sob a condição de que seus funcionários também participem. Este ano, o laboratório foi um dos destaques no maior evento de área no mundo, realizado pela Associação Americana de Química Clínica, nos EUA	PME		
UNILEVER	2013	GUIA EX-AME	EMPRE-SA-MOD-ELO		Acreditando na força da união, a empresa an-glo-holandesa divulgou, em 2010, o objetivo de dobrar de tamanho, ao mesmo tempo em que reduz á metade o im-pacto ambiental de seus processos atpe 2020	Governança da Sustent-abilidade		

128

EMPRESA	ANO	RANKING	STATUS	CASE	PROJETO	SETOR	PREMIAÇÕES ANTERIORES	AGÊNCIA
NOVARTIS	2013	GUIA EXAME	EMPRESA-MODELO		Na empresa o comitê executivo esta formado por seis mulheres e seis homens de nacionalidades e fomações diferentes. O comitê interno até criou um calendario ecunêmico	Direitos Humanos		
EMBRACO	2013	GUIA EXAME	EMPRESA-MODELO		Há 20 anos, a Embraco, maior fabricante de compressores de refrigeradoras do mundo, se lançou numa cruzada para expandir a consciência verde entre as escolas públicas de Joinville, onde emprega boa parte da força de trabalho local.	Comunidades		

EMPRESA	ANO	RANKING	STATUS	CASE	PROJETO	SETOR	PREMIAÇÕES ANTERIORES	AGÊNCIA
ALCOA	2013	GUIA EXAME	EMPRE-SA-MOD-ELO		A empresa criou em 2010, o programa compra sustentáveis, um processo de seleção de parceiros. E para os parceiros de longa data, a empresa promove orograma de qualificação para garantir boas práticas e adequação aos padrões sociambientais, de saúde e segurança.	Fornecedores		
COCA-CO-LA	2013	GUIA EX-AME	EMPRE-SA-MOD-ELO		A fim de reduzir o consumo de água, a empresa vem investindo na eficiência da produção, ou seja, quer produzir mais bebida com menos.	Gestão de Água		
APERAM	2013	GUIA EX-AME	EMPRE-SA-MOD-ELO		Em 1993, se criou um Centro de Educação Ambiental em Minas Gerais. Vinte anos depois, a área transformou-se em uma reserva de Mata Atlântica donda de uma rica biodiversidade.	Bio Diversidade		

EMPRESA	ANO	RANKING	STATUS	CASE	PROJETO	SETOR	PREMIAÇÕES ANTERIORES	AGÊNCIA
KIMBER-LY-CLARK	2013	GUIA EX-AME	EMPRE-SA-MOD-ELO		Desde 2012, a empresa mantêm uma parceria com uma cooperativa para reciclar restos de matéroa-prima usada na fabricação de fraldas descartáveis.	Gestão de Resíduos		Santo de Casa Endomarketing
UN-IMED-BH	2010	ABERJE	Campanha de Comunicação de Marketing	Unimed Solução Empresa				OZ Propaganda
COELCE	2010	ABERJE	Comunicação de Programas voltados á Sustentabilidade Empresarial	Ecoelce				Datamidia DraftFCB
SHELL BRASIL	2010	ABERJE	Comunicação de Marca	Associação entre as marcas Shell Brasil e Ferarri no Grande prêmio Brasil F1 2009				S/A Comunicação

EMPRESA	ANO	RANKING	STATUS	CASE	PROJETO	SETOR	PREMIAÇÕES ANTERIORES	AGÊNCIA
COELCE	2010	ABERJE	Comunicação de Programas Projetos e Ações Culturais	Cine Coelce				Artevento; Burson-Masteller, Expomus, Objeto Sim, Sofia Carvalhosa and Young&Rubican
FIAT AUTOMÓVEIS	2010	ABERJE	Comunicação de Programas Projetos e Ações Culturais	Rodin e Chall na Casa Fiat da Cultura				La casa Comunicação
AACD	2010	ABERJE	Integrated communication	Teleton 2009				Satori Editorial
Secretaria da Saúde de São Paulo	2010	ABERJE	Comunicação nas Crises Em-presariais	Pautando as ações Nacionais diante da pandemia de Gripe a H1N1				Grifo Design
COELCE	2010	ABERJE	Comunicação e Relacionamento com a Impresa	Projeto Pé na Estrada				Conspiração Filmes

EMPRESA	ANO	RANKING	STATUS	CASE	PROJETO	SETOR	PREMIAÇÕES ANTERIORES	AGÊNCIA
BUNGE	2010	ABERJE	Comunicação e Relacionamento com a Sociedade	Conhecer para Sustentar: Vale do Itajaí				
BRASIL FOODS	2010	ABERJE	Comunicação e Relacionamento com Fornecedores	O relacionamento como estratégia para fidelizar parceiros num negócio em transformação: o caso do clube do produtor de leite Brasil foods.				
GRUPO VOTORANTIM	2010	ABERJE	Comunicação e Relacionamento com Investidores.	Votorantim e a relaç□ o com investidores: do "no profile" para o diálogo qualificado.				FSB Communications
UNIMED LONDRINA	2010	ABERJE	Comunicação e Relacionamento com Investidores.	Programa de Comunicação e Relacionamento "Uma Escolha para a Vida"				

EMPRESA	ANO	RANKING	STATUS	CASE	PROJETO	SETOR	PREMIAÇÕES ANTERIORES	AGÊNCIA
ITAÚ BAN-CO	2010	ABERJE	Co-munucação e Relaciona-mento com o Público Interno	Fusão Itaú Unibanco				
Secretaria Municipal de Espoertes, Lazer e Recreação	2010	ABERJE	Eventos especiais	Viranda Esportiva				
Fundação Telefonica	2010	ABERJE	Respons-abilidade Histórica e Memória Empresarial	Exposição Tão longe, tão perto				
PETRO-BRAS	2010	ABERJE	Respons-abilidade Histórica e Memória Empresarial	Refinaria Henrique Lage: Uma travessia de 30 anos.				Textual Corporativa; Tatil Design de Ideiais-Conspiração filmes; SR-COM;five

EMPRESA	ANO	RANKING	STATUS	CASE	PROJETO	SETOR	PREMIAÇÕES ANTERIORES	AGÊNCIA
AMANCO	2010	ABERJE	Mídia Impressa	Revista Aqua Vitae				Âgencia Ark,Comunicação; Caraminholas Produção e Serviços Artísticos
INSTITUTO EUVALDO LODI	2010	ABERJE	Publicação Especial	Programa Propriedade Intelectual para Inovação na Indústria				
PETROBRAS	2010	ABERJE	Mídia Autovisual	A Conquista do Pré-Sal				LFCom comunicação
PETROBRAS	2010	ABERJE	Mídia Autovisual	Vinheta Cultural Petrobras				
Federeação das Industrias do Estado do Paraná	2010	ABERJE	Mídia Digital	Comunicação Digital do Sistema FIEP				TIF
Governo do Estado do Rio de Janeiro	2010	ABERJE	Mídia Sociais	GovRJ: diálogos com o cidadão 2.0				Rock comunicação; Brasil 1; F/Nazca

EMPRESA	ANO	RANKING	STATUS	CASE	PROJETO	SETOR	PREMIAÇÕES ANTERIORES	AGÊNCIA
HOSPITAL DA BALEIA	2010	ABERJE	Comunicação e Relacionamento - Pequenas e Médias Organizações	VIII Jantar dos Amigos da Baleia				Report comunicação; ModernSign; Player
HOSPITAL DA BALEIA	2010	ABERJE	Mídias - Pequenas e Médias Organizações	Informativo Baleia - Um protagonista do reconhecimento da Comunicação Social como área estratégica do Hospital da Baleia.				Noir assesoria; Universo produção; Trendix
ITAÚ BANCO	2010	ABERJE	Empresa Do Ano em Comunicação Empresarial					Temple Comunicação; Gamma comunicação
COLÉGIOS MARISTAS	2011	ABERJE	Campanha de Comunicação de Marketing	Campanha de Fidelização e Captação de Colégios Maristas				

EMPRESA	ANO	RANKING	STATUS	CASE	PROJETO	SETOR	PREMIAÇÕES ANTERIORES	AGÊNCIA
Comite organizador dos Jogos Olímpicos e Paraolimpicos Rio 2016	2011	ABERJE	Comunicalção de Marca	Lançamento da marca dos Jogos Olímpicos Rio 2016- Uma festa de paixão e transformação				New Quality eventos and Marketing Promocional
Fundação São Francisco Xavier	2011	ABERJE	Publicação Especial	Publicação especial: "Atitude rima com Saúde"				Fundação Patrimônio Historico de Energia e Saneamento
Provincia Marista Brasil Centro Sul	2011	ABERJE	Publicação Especial	Diretriz de Termos, Expressões e Valores Institucionais				Maga Multimidia
AYMARÁ EDU-CAÇÃO	2011	ABERJE	Midia Impressa	Aymará Cidades: Revisata de relacionamento do Programa Cidade Educadora				

EMPRESA	ANO	RANKING	STATUS	CASE	PROJETO	SETOR	PREMIAÇÕES ANTERIORES	AGÊNCIA
COELCE	2011	ABERJE	Comunicação e Relacionamento com a Sociedade	Energia Social				Amyris; Basf; BP; Dedini; FMC; Itaú;Monsato; Syngenta; ALCOPAR ; BioSul; SIAMIG; SI-FAEG; SIN-DACOOL/MT; OR-PLANA and CEISE BR
Federeação das Industrias do Estado do Paraná	2011	ABERJE	Comunicação e Relacionamento com a Sociedade	Cidades 2030				Conteúdo Communicação Empresarial
PETRO-BRAS	2011	ABERJE	Comunicação de Programas voltados á Sustentabilidade Empresarial	Sustentabilidade no Brasil Surf Pro				

EMPRESA	ANO	RANKING	STATUS	CASE	PROJETO	SETOR	PREMIAÇÕES ANTERIORES	AGÊNCIA
NATURA	2011	ABERJE	Comunicação e Relacionamento com Investidores.	Comunicação de Resultados				Agência Guaimbê
PETROBRAS	2011	ABERJE	Comunicação de Programas Projetos e Ações Culturais	Petrobras celebra mais de 500 filmes patrocinadores				Agência Click
VALE	2011	ABERJE	Comunicação de Programas Projetos e Ações Culturais	Orquesta Jovem Vale Música: Celebração de responsabilidades social e Talento				Colmeia
Fundação Chesf de Assistencia e Seguridade social	2011	ABERJE	Comunicação e Relacionamento com o Público interno	O "zum-zum-zum" vai começar				In Press Porter Novelli

EMPRESA	ANO	RANKING	STATUS	CASE	PROJETO	SETOR	PREMIAÇÕES ANTERIORES	AGÊNCIA
PETRO-BRAS	2011	ABERJE	Comunicação e Relacionamento com o Público interno	As cores do Saber				Populos Comunicação
COMPAN-HIA DE GAS DE SÃO PAU-LO	2011	ABERJE	Responsabilidade Histórica e Memória Empresarial	Mem´rorias do Gas- Patrmônio a serviço de educação				
COMPAN-HIA DE HI-DROELÉC-TRICAS DE SÃO FRANCIS-CO	2011	ABERJE	Mídia Audiovisual Interna	Programa Pró-EQUI-DADE DE gÊNERO				
COELCE	2011	ABERJE	Mídia Audiovisual Interna	Iteva/Mídia. com				REPORT COMUNI-CAÇÃO

EMPRESA	ANO	RANKING	STATUS	CASE	PROJETO	SETOR	PREMIAÇÕES ANTERIORES	AGÊNCIA
UNICA- União da agroindustria Canaviera do SP	2011	ABERJE	Comunicação Integrada	Porjeto AGORA- Agroenergia e Meio Ambiente				Textual Corporativa; Tatil Design de Ideias;- Conspiração filmes; SRCOM
ITAÚ BANCO	2011	ABERJE	Comunicação nas Crises Empresariais	"Mamaço Itaú Cultural"				EKO ES-TRATÉGIAS EM COMUNICAÇÃO
ASSOCIAÇÃO PARANAENSE DE CULTURA	2011	ABERJE	Comunicalçao e relacionamento com a Impresa	PUCPR: Uma universidade paranaense que conquistou a impresa nacional				
INSTITUTO CAMARGO CORRÊA	2011	ABERJE	Eventos especiais	Dia do Bem fazer				CDN- CORPORATIVE COMMUNICATION
PETROBRAS	2011	ABERJE	Mídia Digital	Biomaps Petrobras				OZ Londria

EMPRESA	ANO	RANKING	STATUS	CASE	PROJETO	SETOR	PREMIAÇÕES ANTERIORES	AGÊNCIA
PETRO-BRAS	2011	ABERJE	Mídia Digital	Compacto Petrobras. O videocast de música de Petrobras.				Happy hour Brasil
Consessão Metroviária do Rio de Janeiro	2011	ABERJE	Mídias Sociais	MetrôRio nas redes sociais: relacionamento estratégico com os clientes				
HOSPITAL DA BALEIA	2011	ABERJE	Comunicação e Relacionamento - Pequenas e Médias Organizações	Seja um doutor em sorrisos - Mobilização social para construção de Centro de Radioterapia do Hospital				Grupo maquina PR
Associação Brasileira de Ontopsicologia da Região Sul	2011	ABERJE	Homenagem - Categoria: Mídias - Pequenas e Médias Empresas	Revista Performance Líder.				Quadrante design
UNICA- União da agroindustria Canaviera do SP	2011	ABERJE	Empresa Do Ano em Comunicação Empresarial					Memória & Indentidade

EMPRESA	ANO	RANKING	STATUS	CASE	PROJETO	SETOR	PREMIAÇÕES ANTERIORES	AGÊNCIA
NATURA	2012	ABERJE	Campanha de Comunicação de Marketing	Plant no Cinema				Vídeos Barrinhas
Comitê organizador dos Jogos Olímpicos e Paraolímpicos Rio 2016	2012	ABERJE	Comunicação de Marca	Lançamento da marca dos jogos paralímpicos Rio 2016				Report Comunicação
PARAGOMINAS MUNICIPAL CITY HALL	2012	ABERJE	Comunicação de Programas voltados à Sustentabilidade Empresarial	Paragominas: da lista negra para o topos da lista verde.				Plan B
CASA FIAT DE CULTURA	2012	ABERJE	Comunicação de programas, Projectos e Ações Culturais	Momento Itália Brasil - Roma, de chirico e caravaggio na casa fiat de cultura				Rede Comunicação de Resultado

EMPRESA	ANO	RANKING	STATUS	CASE	PROJETO	SETOR	PREMIAÇÕES ANTERIORES	AGÊNCIA
KINROSS BRASIL MINERAÇÃO	2012	ABERJE	Comunicação e Relacionamento com a Impresa	Empresa global, ação local: estratégias e relacionamento com a impresa de paracatu				FSB Comunicação
UNIMED LONDRINA	2012	ABERJE	Comunicação e Relacionamento com a Sociedade	Camanha água, sabão e consciência - unidos contra a infecção hospitalar				Tempo & Memória; Arte do Tempo
BRASKEM	2012	ABERJE	Comunicação e Relacionamento com o Público interno	Valorazação do plástico				
ALGAR TELECOM	2012	ABERJE	Comunicação e Relacionamento com o Consumidor	CTBC Responde.				
BRASIL FOODS	2012	ABERJE	Comunicação Integrada	Julgamento da fusão perdigão/ sadia				
VALE	2012	ABERJE	Eventos especiais	Exposição parque botânico				

EMPRESA	ANO	RANKING	STATUS	CASE	PROJETO	SETOR	PREMIAÇÕES ANTERIORES	AGÊNCIA
TICKET SERVIÇOS	2012	ABERJE	Responsabilidade Histórica e Memória Empresarial	Como implantar um projeto de memória empresarial e engajar seus colaboradores em 18 meses				
AMPLA ENERGIA E SERVIÇOS	2012	ABERJE	Mídia Audiovisual					
NATURA	2012	ABERJE	Mídia Digital	Programa natura campus				
PETROBRAS	2012	ABERJE	Mídia Digital	Site do programa profissões de futuro				
SEBRAE-MG	2012	ABERJE	Mídia Impressa	O passo a passo do sucesso				
Governo do Estado do Rio de Janeiro	2012	ABERJE	Mídias Sociais	#CHOQUEDEPAZ				
SOCIEDADE BRASILEIRA DE DERMATOLOGIA	2012	ABERJE	Publicação Especial	Laços de família: Etnias do Brasil				

EMPRESA	ANO	RANKING	STATUS	CASE	PROJETO	SETOR	PREMIAÇÕES ANTERIORES	AGÊNCIA
BRASKEM	2012	ABERJE	Empresa Do Ano em Comunicação Empresarial					
LIGHT	2012	ABERJE	Comunicação de Marketing	Central de ideias Inovadoras				
RAÍZEN	2012	ABERJE	Comunicação de Marketing	Promoção Batmóvel Shell V-Power				
CNC	2012	ABERJE	Comunicação de Marca	Novas Marcas CNC-SEN-ACCNC - A sinergia de transformação				
FIBRIA CELULOSE	2013	ABERJE	Comunicação de Programas voltados à Sustentabilidade Empresarial	Histórias de Valor Fibria				
BANCO DO BRASIL	2013	ABERJE	Comunicação de Programas Projetos e Ações Culturais	Exposição Impressionismo: Paris e a Modernidade				

EMPRESA	ANO	RANKING	STATUS	CASE	PROJETO	SETOR	PREMIAÇÕES ANTERIORES	AGÊNCIA
VALE	2013	ABERJE	Comunicação de Programas Projetos e Ações Culturais	Conjunto de Patrocínios pelos 400 anos de São Luís				
CNDL/SPC BRASIL	2013	ABERJE	Comunicação e Relacionamento com a Impresa	CNDL E SPC Brasil: Informação que gera confiança e amplia oportunidades				
ENDESA BRASIL	2013	ABERJE	Comunicação e Relacionamento com a Sociedade	Campanha Vote consciente				
ITAÚ BANCO	2013	ABERJE	Comunicação e Relacionamento com o Público interno	Educação financeira no Itaú Unibanco- Um desafio que começa com os colaboradores				
GRUPO MARISTA	2013	ABERJE	Comunicação e Relacionamento com o Consumidor	#serirmaomarista				

EMPRESA	ANO	RANKING	STATUS	CASE	PROJETO	SETOR	PREMIAÇÕES ANTERIORES	AGÊNCIA
USIMINAS	2013	ABERJE	Comunicação Integrada	Ações 50 anos Usiminas				
OAS INVESTIMENTOS	2013	ABERJE	Comunicação e Organização de Eventos	Inauguração da arena do Grêmio				
CPFL ENERGIA	2013	ABERJE	Responsabilidade Histórica e Memória Empresarial	Projeto CPFL 100 anos				
SULAMÉRICA	2013	ABERJE	Mídia Audiovisual	Relatório Anual em Vídeos: Linguagem amigável e inovação na prestação de contas				
USIMINAS	2013	ABERJE	Mídia Digital	Intranet Fala aí Usiminas				
PFIZER	2013	ABERJE	Mídia Impressa	Boletim Incluir				
IVECO	2013	ABERJE	Mídia Sociais	Libertadores 2012				

EMPRESA	ANO	RANKING	STATUS	CASE	PROJETO	SETOR	PREMIAÇÕES ANTERIORES	AGÊNCIA
SINDILO-JAS PORTO ALEGRE	2013	ABERJE	Publicação Especial	Porto Alegre na vitrini- Memória do comércio vare-jista da capital gaúcha				
ITAÚ BAN-CO	2013	ABERJE	Empresa Do Ano em Comuni-cação Em-presarial					

ANEXO A – ARTIGO GUIA EXAME DE 06/11/2013

taú Unibanco é a empresa sustentável de 2013 - Negócios

2/4/2014

EXAME.COM

Itaú Unibanco é a empresa sustentável de 2013

Maior banco privado do país, com 15 milhões de correntistas, o Itaú vem somando boas práticas que o tornam um líder entre as instituições financeiras

São Paulo – O Itaú Unibanco foi eleito a empresa sustentável do ano pelo Guia EXAME Sustentabilidade 2013, que chega às bancas nesta quinta-feira. Maior banco privado do país, com 15 milhões de correntistas, o Itaú vem somando boas práticas que o tornam líder nessa seara entre as nstituições financeiras.

Em 2004, o banco foi o primeiro a aderir voluntariamente a um conjunto de regras socioambientais para concessão de créditos, criadas pelo IFC, braço financeiro do Banco Mundial. Seguindo esses princípios, em 2012, o Itaú negou crédito para a construção da hidrelétrica de Belo Monte e para cerca 90 companhias que também foram reprovadas no seu crivo socioambiental.

Dentro da empresa, a gestão da sustentabilidade tem se traduzido, cada vez mais, em governança, onde cada funcionário, não importa de que nível, está aprendendo a desempenhar com mais responsabilidade seu papel nessa jornada. A ideia é levar a sustentabilidade para o centro da estratégia.

Para ajudar nesse processo, o Itaú Unibanco mantém um comitê de sustentabilidade formado por 20 executivos que discutem soluções para problemas (como melhorar o atendimento dos vendedores para atender ao público, por exemplo) e também propõem ações diferenciais, como criar um programa de aluguel de bicicletas nas cidades.
"A sustentabilidade tem que ser boa para nós e para nossos clientes. Nós entendemos que temos que estender nossa ação para muito além daquilo que é o nosso negócio", disse o presidente do Itaú Unibanco, Roberto Setubal, ao receber o prêmio.

Em seu discurso, Setúbal destacou algumas iniciativas mantidas pelo banco. "Temos um instituto cultural que promove a arte brasileira em especial. Temos programas sociais bastante focados na educação. Acreditamos muito no programa das bikes, como uma forma de melhorar a mobilidade urbana. Tudo aquilo que fazemos envolve de várias formas um reconhecimento de como podemos melhorar nossa relação com as pessoas, com a sociedade", sublinhou.

Empresas que olham para o futuro

As empresas mais sustentáveis do ano foram premiadas na noite desta quarta-feira, em São Paulo, em cerimônia na Fundação Maria Luisa e Oscar Americano.

Durante o evento, a diretora superintendente da Unidade EXAME da Editora Abril, Cláudia Vassallo, destacou que o termo sustentabilidade vem sendo usado com muita leviandade ultimamente e que, em muitos casos, passa bem longe da ideia fundamental de olhar o hoje com atenção nos efeitos futuros para as próximas gerações.

"As empresas que estão aqui hoje compartilham a crença de que o papel das empresas e dos líderes de negócios vai muito além do retorno aos acionistas, ou melhor, acreditam que podem alcançar esse retorno de forma sustentável", disse. Cláudia afirmou que o Brasil já melhorou muito, mas que ainda há muito por fazer.

"O Brasil que queremos para nós e nossos filhos e netos é um país onde qualquer criança possa prosperar com educação digna, onde a educação básica não é privilégio, onde crianças não precisem viver mergulhadas com o lixo até o pescoço para catar latinha em troca de alguns trocados", afirmou, numa referência à foto do menino Paulo Henrique que foi destaque no jornal Folha de S. Paulo da última terça-feira.

.